▶中級から上級へ

留学生のための
ストラテジーを使って学ぶ
文章の読み方

一橋大学国際教育交流センター

Strategies for Reading Academic Papers

スリーエーネットワーク

©2005 by Center for Global Education and Exchange, Hitotsubashi University

All rights reserved. No part of this publication may be reproduced, stored in a retrieval system, or transmitted in any form or by any means, electronic, mechanical, photocopying, recording, or otherwise, without the prior written permission of the Publisher.

Published by 3A Corporation.
Trusty Kojimachi Bldg., 2F, 4, Kojimachi 3-Chome, Chiyoda-ku, Tokyo 102-0083, Japan

ISBN978-4-88319-369-1 C0081

First published 2005
Printed in Japan

はじめに

　本書は、日本語の新聞を辞書なしで読むことがやや難しい、中級後半～上級前半レベルの留学生のために書かれた文章読解のテキストです。とくに、経済学、法学などの社会科学を専門に学んでいる学生や、日本の社会や文化についてくわしく知りたい学生を対象にしています。

　本書には、二つの大きな特長があります。

　一つは、それぞれの課に「読解のストラテジー」というページがあり、そこで専門の文章（入門書や論文など）の読み方を学べるという点です。みなさんは、日本語の教科書の文章が読めるようになりたくて、日本語を勉強するのではないでしょう。大学の学部や大学院の研究科で、専門の文章を読めるようになりたくて、教科書の文章を読んでいるはずです。本書には、専門の文章が読めるようになるためのヒントとなるストラテジー（strategy：戦略）が書かれています。本書を読みおえた人は、本書で学んだ方法を活かして、次はぜひ専門の文章を読んでみてください。

　本書のもう一つの特長は、社会科学の各分野を広くカバーしているという点です。そのため、本書をくり返し勉強すれば、「経済学」「商学・経営学」「法学」「社会学」「国際関係学」など、社会科学のさまざまな分野について、基本となることばを一通り学ぶことができます。社会科学は、経済学だけ、あるいは法学だけ、知っていればよいというものではありません。専門についての深い知識と、社会に関する広い知識、その両方が必要です。その意味で本書は、社会科学の基本的な知識や用語を身につけるのによい教科書だと思います。

　本書は7課からできています。本書を日本語の授業の中で使う場合は、本文に1時間、練習に1時間、それぞれ必要です。本文ではまず文章を読み、問題を解く中で「読解のストラテジー」を学びます。そして、練習では、前の時間に勉強した「読解のストラテジー」を使って別の文章を読み、やや難しい、要約の問題にも挑戦してください。そうすれば、読むときのストラテジーが身につくだけでなく、社会科学の文章を書くトレーニングにもなるでしょう。

　本書がみなさんの日本語の勉強に役立つことを、執筆者一同、心から願っています。

一橋大学国際教育交流センター

目 次

第1課　何の話かをつかむ …………………………………………………………… 1

第2課　何が問題になっているかをつかむ ………………………………………… 11

第3課　言いたいことは何かをつかむ ……………………………………………… 21

第4課　歴史を扱った文章を読む …………………………………………………… 31

第5課　二項対立を見ぬく …………………………………………………………… 41

第6課　筆者の立場を見ぬく ………………………………………………………… 51

第7課　文章を整理して理解する …………………………………………………… 61

第1課

[本課のテーマ]
何の話かをつかむ

　ことばがどんなに難しくても、文法がどんなに難しくても、何の話について述べている文章かがわかれば、書いてある内容を理解することができます。しかし、この「何の話か」を理解することは簡単ではありません。

　この課では、「何の話か」がわかりにくい文章について、キーワードの発見の仕方を学ぶことを通して「何の話か」を見ぬく方法を考えます。

1課 本文　次の文章を読んで、設問に答えなさい。

　動物についての紛争が裁判になることがある。動物にかまれたり襲われたりした人が、損害賠償を求めて飼い主を訴えるケースは多い。牛、ぶた、にわとりを飼育する施設の悪臭や騒音も、しばしばトラブルの原因となる。つまり、法の世界の動物たちは、「迷惑な存在」なのである。

　一方、動物は法的には財物の一種だから、所有することができるし、売買もできる。ここに人と動物の大きな違いがある。人は財物ではないから、所有の対象にならない。「わたしはあなたの物よ。」という言葉は、たとえ本気で言ったとしても、法的には無意味である。だから恋敵にとられた恋人を、裁判で取り戻すことはできない。しかし、盗まれたのが愛犬であれば、どろぼうになついていても、取り戻すことができる。ペットが他人の故意・過失が原因で死んでしまったら、飼い主は慰謝料を請求できる。かわいがっていたねこを犬にかみ殺されてしまった人が、犬の飼い主に慰謝料を請求し、認められた例が実際にある。

　ところで、日本の集合住宅には、管理規約のなかでペットを飼うことを全面禁止しているところがたくさんある。あるマンションの管理組合が、規約に違反して犬を飼っていた住民に対して、犬の飼育禁止を求める訴訟を起こしたことがある。被告（飼い主）は、そのような規約は無効だと主張して争ったが、原告（管理組合）が勝訴した。日本の裁判所は、規約違反の動物飼育者に厳しい態度をとったのである。

　最近、ペットを飼えることが「うたい文句」の分譲マンションも売り出されるようになってきた。いつかは「ペットといっしょに暮らす権利」が法的に認められるかもしれない。そうなれば、動物たちにとって、法の世界はもっと住みやすいものになるだろう。

<設問>

（1）たくさん出てくることばを数え、多いほうから順に並べなさい。

（2）作ったリストのことばをいくつかのグループに分けなさい。

（3）この文章に題名をつけなさい。

（4）題名をつけるときに使ったことばが文章のどこにたくさん出ているか、調べなさい。

＜読解のストラテジー＞

　読んでいる文章が「何の話か」を知るためには**キーワード**を見つけることが大切である。キーワードを見つけるには、次の①～④に注目する必要がある。

①**広く出てくることば**：たくさん出てくることばでも、文章全体に出てくることばのほうが、一部にしか出てこないことばよりも重要。

②**大切なところに出てくることば**：文章の一部にしか出てこないことばの場合、文章の「最初」（単なる話のきっかけの場合はその後）と「最後」（単なるつけたしの場合はその前）に出てくることばが重要。

③**つながりのあることば**：同じことばでなくても、似たような意味のことばをつないでいくと、話の流れがわかることが多い。

④**対になることば**：似た意味のことばだけでなく、反対の意味のことばも「何の話か」を理解するのに役立つことがある。

　もちろん、タイトルがあればタイトルも参考になる。その場合は、タイトルと本文を結びつけるように意識して読むと効果的である。

ストラテジーを身につける練習

前の文と後の文で、関係のあることばに下線を引きなさい。

（1）最近、労働者のストライキが増加している。都市部の工場では従業員が仕事をせず、デモ行進をくりかえしている。

（2）日本では、弁護士の数が増えるにつれて、裁判も増えてきた。昔なら話し合いで解決できたことも、今ではすぐ訴訟になる。

（3）その会社は、九州の工場で携帯電話を製造している。生産高は業界3位だそうだ。

（4）政府が新しい石油工場の建設に投資した。資本は国債でまかなった。

（5）21世紀に入り、アジアもようやく景気が回復してきた。あと5年もたてば、好況の時代に入ると思われる。

（6）グローバル経済が広がるにつれて、国家間の競争が激しくなっている。経済摩擦が政治問題に発展することも多い。

（7）今、発展途上国ではコンピュータの需要が高い。工場でいくら生産しても、供給が追いつかない。

（8）有機農法は、消費者に安全な食べ物を提供するだけではない。生産者の健康を守ることにもつながる。

1課 実践練習　　次の文章を読んで、設問に答えなさい。

　世界で最も尊敬される企業と経営者は？　英国のフィナンシャル・タイムズ紙が毎年実施しているアンケートだ。世界の主要企業の経営者ら千人以上にインタビューしてまとめる。

　企業の1位は米国のゼネラル・エレクトリック（GE）、経営者はマイクロソフトのビル・ゲイツ氏だった。日本企業は5位にトヨタ、6位にソニーという常連のほか、日産が50位に入った。

　興味深いのは「尊敬される経営者」の方で、トヨタの奥田碩会長の6位に続いて、去年20位だった日産のカルロス・ゴーン社長が7位に入った。「たいへん革新的で攻撃的」という評のほか、特筆すべき点として多文化をくぐってきたことを指摘している。

　彼の自伝『ルネッサンス』（ダイヤモンド社）を読んでみても、確かに多文化経験をみごとに生かしていることに感心させられる。ブラジルに生まれ、レバノン、フランス、米国、日本と拠点を移してきた。来日時にも「文化衝突に手を焼くだろう」と多くの人から警告されたそうだ。

　確かに日仏の違いは大きい。彼はこう見る。たとえばフランス人は概念化が速くて明確だが、実行に時間をかける。日本人は概念化に手間取り、フランス人だったら髪をかきむしっていらだつところだが、実行段階では迅速、効率的だ。そんな違いを的確に把握しつつ、文化的相違は「革新」をもたらすというのが彼の信念だ。

　一見マイナスに見えることをプラスにしてしまう。このゴーン流の「肯定能力」は企業経営にかぎらず、さまざまな場で必要とされる資質だろう。

　　　　　　　　　　　　　　　　　　（『朝日新聞』2003年1月23日朝刊「天声人語」）

第1課

<設問>

(1) この文章に多く出てくる五つの語(「企業」「経営者」「ゴーン」「文化」「革新」)、またはそれに似た意味の語をチェックし、その語が文章のどのあたりによく出てくるか調べ、以下の表に出てきた数を入れなさい。

	1段落	2段落	3段落	4段落	5段落	6段落
企業						
経営者						
ゴーン						
文化						
革新						

(2) この文章に題名をつけなさい。

(3) この文章を200字程度で要約しなさい。

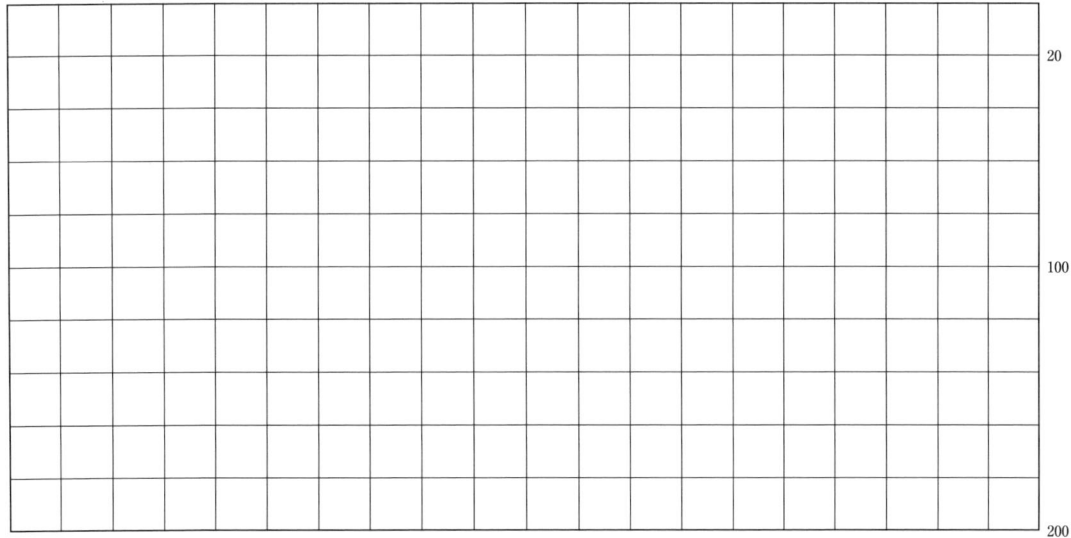

1課 本文語彙

紛争	ふんそう	dispute
裁判	さいばん	(judicial) trial
襲う	おそ・う	attack, assault
損害賠償	そんがいばいしょう	compensation for damages
飼い主	か・い・ぬし	keeper
訴える	うった・える	sue
飼育（する）	しいく	keep, raise, breed
施設	しせつ	facilities
悪臭	あくしゅう	odor, bad smell, stench
騒音	そうおん	noise
迷惑な	めいわく・な	troublesome
財物	ざいぶつ	property
対象	たいしょう	object
恋敵	こいがたき	one's rival in love
故意	こい	criminal intent
過失	かしつ	fault, mistake
慰謝料	いしゃりょう	compensation, consolation money
請求（する）	せいきゅう	claim
認める	みと・める	approve, admit
実際に	じっさい・に	really
集合住宅	しゅうごうじゅうたく	condominium, apartment building
管理規約	かんりきやく	management regulation
全面禁止	ぜんめんきんし	all-out ban
訴訟	そしょう	lawsuit
被告	ひこく	defendant
無効	むこう	invalidity
主張（する）	しゅちょう	assert, claim
原告	げんこく	plaintiff
勝訴（する）	しょうそ	win the case
態度	たいど	attitude

分譲	ぶんじょう	selling (an apartment)

1課 実践練習語彙

最も	もっと・も	the most
尊敬（する）	そんけい	respect
実施（する）	じっし	enforce, operate
主要	しゅよう	main
常連	じょうれん	regular customer [visitor, member]
奥田碩	おくだ・ひろし（人名）	
革新的	かくしんてき	innovative
攻撃的	こうげきてき	aggressive
特筆（する）	とくひつ	give special mention
指摘（する）	してき	point out
自伝	じでん	autobiography
拠点	きょてん	base, stronghold
衝突	しょうとつ	clash, collision
警告（する）	けいこく	warn, caution
概念	がいねん	general idea, notion
手間取る	てまど・る	take time
かきむしる		tear
迅速	じんそく	rapid, swift
的確に	てきかく・に	precisely, accurately
把握（する）	はあく	grasp, understand
相違	そうい	difference, discrepancy
信念	しんねん	belief, conviction
一見	いっけん	apparently
肯定	こうてい	affirmation
資質	ししつ	person's nature, temperament

第2課

[本課のテーマ]
何が問題になっているかをつかむ

　第1課では「何の話か」を見ぬく練習をしました。次に考えなければならないことは、その文章全体で「何が問題になっているか」、つまり文章の「問い」をつかむことです。文章の「問い」をつかむことができれば、そのあとの本論はその「問い」に対する「答え」として読んでいくことができます。

　本課では、文章の「問い」がどのような形で文章に表れるのかを調べ、その「問い」をつかむ練習をします。

2課 本文　次の文章を読んで、設問に答えなさい。

　もともと高齢化とは人の寿命が伸びることであり、それ自体は悪いことではないが、先進国の場合、生まれる子どもの数が減るという「少子化」が「高齢化」と同時に進み、それを問題視する人が多い。特に日本ではこの「少子高齢化」が急速に進んでいる。

　「このまま進むと、社会全体の中で、労働可能年齢（10代後半から60歳まで）の人達の割合がどんどん減り続ける。その時、減り続ける労働人口で社会全体を経済的に支えることはできなくなる」と多くの人が主張する。年金問題も年金システムを支える労働者が相対的に減ることから起こる。

　だが、日本の労働人口は本当に急減し、経済が成り立たなくなるのだろうか。この問題を次の4点について考えてみよう。

　　1．高齢者の就業率
　　2．女性の就業率
　　3．外国人労働者の数
　　4．労働生産性

　60歳以上の高齢者の就業率は現在あまり高くないが、実際には元気で十分働ける高齢者は多い。「若い頃のように週40時間働くのはたいへんだろうが、週20時間程度なら70歳ぐらいまで働きたい」と多くの高齢者が言う。それが実現すれば高齢者の就業率はかなり高くなり、社会の高齢化で労働人口はそれほど減らないかもしれない。

　では女性の就業率はどうか。現在の日本社会では女性が子育てをしながら働き続けるのはむずかしい。そのため、子どもを生むのをやめるか仕事をやめる女性が多い。子育てをしながら働ける環境が整えば、女性の就業率はずっと高まるし、同時に出生率も高まるかもしれない。

　また、日本は外国人労働者の比率が他の先進国と比べてきわめて低い。これから外国人労働者が増えれば労働人口の減少はおさえられる。

　さらに、技術革新によって、これからも労働生産性が高まる可能性は高く、現在ほど労

働力は必要でなくなるだろう。

　以上のことから、高齢者や女性の就業率を高めるための社会システムを作ったり、外国人労働者を受け入れたりすれば、少子高齢化が進んでも大きな労働力不足は起こらないと予想される。

＜設問＞

（１）この文章に題名をつけなさい。

（２）どこまでが序論（文章の始めにあって、「何の話か」について書いているところ）で、どこからが本論（序論の次にあって、その文章で「何が問題になっているか」くわしく述べているところ）か、考えなさい。

（３）文章全体の「問い」を表す文を１文選びなさい。

<読解のストラテジー>

　文章全体で「何が問題になっているか」を理解するためには、文章全体の「問い」を表す**論点表示文**をつかむことが大切である。

①論点表示文は序論の後：論点表示文はふつう「何の話か」を説明する序論が終わった直後に来る。

②論点表示文は疑問文、または疑問を感じさせる文：

● **Yes-No疑問文**：(例)日本人は果たして江戸時代からそんなに長時間働いていたのだろうか。

● **Wh疑問文**：(例)新聞というメディアは、明治時代にどのように発展したのだろうか。

● **意志・希望の文**：(例)ここでは、たたみが日本文化に与えた影響について考えて｛みたい／みよう｝。(「たたみが日本文化にどのような影響を与えたか」と、疑問文に言いかえられる)

● **存在の文**：(例)日本のいなかで環境破壊が進んだ理由は、大きく分けて三つある。(「どうして日本のいなかで環境破壊が進んだか」といった疑問文に言いかえられる)

● **逆接の文**：(例)交通事故を防ぐ技術は急速に進歩した。しかし、交通事故による被害はいまだになくならない。(「どうして被害がいまだになくならないのか」読者は知りたくなる)

　①、②の条件を満たしていても、文章全体の「問い」を表していなければ、「論点表示文」にはならない。つまり、すぐに答えられてしまう「問い」は「論点表示文」ではない。「問い」に対する「答え」が文章全体でくわしく説明されているものが「論点表示文」である。

第 2 課

ストラテジーを身につける練習

次のα、βのうち、どちらが「論点表示文」になりやすいか。なりやすいと思われるほうを選びなさい。

（1）α　そうすれば、日本の政治が今後変わる可能性も十分にあるのではなかろうか。
　　　β　それでは、日本の政治が大きく変わるときが今後来ることはあるのだろうか。

（2）α　宇宙開発に関連する科学技術は、一体どこまで進歩しうるものなのだろうか。
　　　β　宇宙開発に関連する科学技術は、予算さえあれば、どこまでも進歩するものなのではないだろうか。

（3）α　日本的経営には解決すべき課題が三つある。
　　　β　いろいろな面で日本的経営には課題が見られた。

（4）α　市場経済は自由競争経済、つまり強い者がかならず勝つようにできている経済なのだから、問題が多い。
　　　β　市場経済は自由競争経済、つまり政府の支配を受けずに企業が自由に活動できる経済ではあるが、問題も多い。

（5）α　（社会には守るべきルールがある。）ところが、政治の世界では、そのルールが守られていないのである。
　　　β　（社会には守るべきルールがある。）ところで、政治の世界では、そのルールが守られていないのである。

（6）α　ぜひ、私たちの社会を住みやすい社会にしていきたい。
　　　β　私たちの社会を住みやすい社会にする方法を考えてみたい。

（7）α　現在の大学教育がかかえている問題点をここで検討しよう。
　　　β　現在の大学教育がかかえている問題点はこうして明らかになった。

2課 実践練習　次の文章を読んで、設問に答えなさい。

　国民審査とは、最高裁判所の裁判官が、その役目にふさわしいかどうか、国民の投票によって決めるもので、日本国憲法で定められている制度である。この国民審査の制度は何のためにあるのだろうか。

　欧米の近代憲法を手本にして作られた日本国憲法は、政治権力が集中しないように、三権分立の原則が採用されている。すなわち、国会と内閣と裁判所がたがいに独立した存在として、抑制しあい、バランスを保っている。このうち、国会に対しては、国民は直接選挙で選ぶことができる。内閣に対しては、そのメンバーを直接選挙で選ぶことはできないが、直接選挙で選んだ国会議員の投票によって、内閣の長である内閣総理大臣を選ぶことができる。裁判所の長である最高裁判所長官は、内閣によって指名され、その他の最高裁判所裁判官も内閣によって任命されるため、国民の意思が反映されにくい。したがって、最高裁判所の人事に対して国民が直接投票することで、国民の意思を司法に反映させることができるように、このような制度が設けられたと考えられる。

　国民審査は、最高裁判所の裁判官になった者が、任命後最初に行われる衆議院議員の総選挙のときに国民の直接投票によって審査を受けるというものである。この国民審査は、以後10年を経過するごとに行われる。しかし、国民審査の方法にはいくつかの問題点があるように思われる。

　国民審査の投票では、この制度がリコール制度であることを考え、信任しない裁判官には投票用紙のその裁判官のところに×を記入し、信任する裁判官には何も記入しないという方法が採られている。しかし、これでは白票が、すべて信任する投票と見なされるので、棄権の自由が奪われるし、信任、不信任が判断できないとき、その判断を保留することもできない。また、×だけを記入する方法そのものが日本人の精神性にあわない。現実に、日本国憲法が施行されて50年以上が経過しているが、その間、最高裁判所裁判官がリコールされたことは一度もなく、この制度そのものが、司法に対する民主的なコントロールが働いていないという意味で、適切に機能しているとは言いにくい。

また、欧米に比べ、裁判が社会的に定着していない日本社会では、裁判官の信任、不信任を判断するのは、一般の国民にとって非常に難しいことである。したがって、裁判をいままで以上に国民に開かれたものにするために、国民審査の対象になる裁判官に関するすべての司法判断を、マスメディア、インターネットなどを通じて、一人一人の裁判官の「顔」が見えるような形で公表する必要がある。

<設問>

（１）この文章に題名をつけなさい。

（２）どこまでが序論で、どこからが本論か、考えなさい。

（３）論点表示文を１文選び、その文を論点表示文と考えた理由を述べなさい。

（４）この文章を200字程度で要約しなさい。

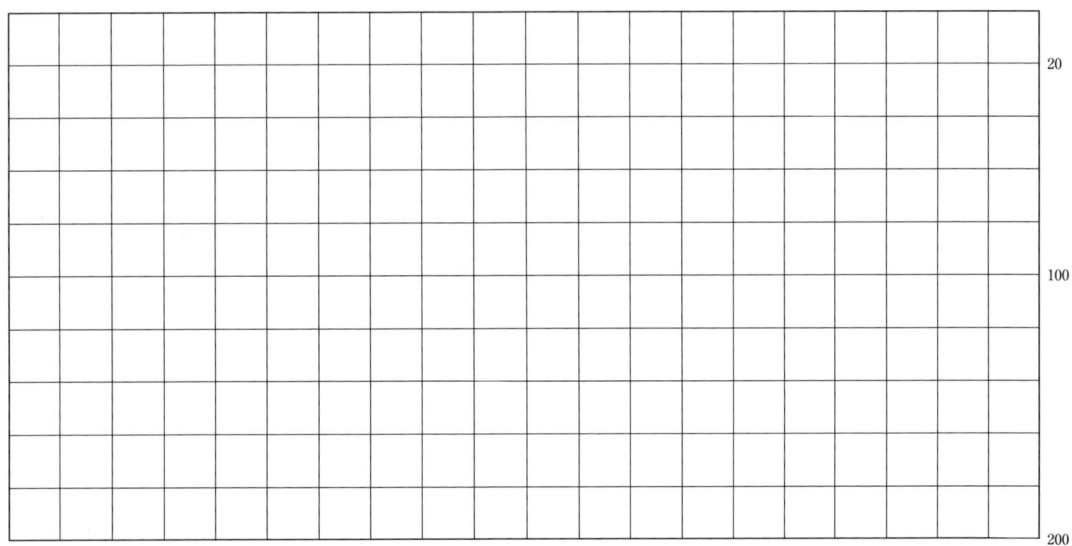

2課 本文語彙

高齢化	こうれいか	aging of population
寿命	じゅみょう	lifespan
伸びる	の・びる	extend, increase
先進国	せんしんこく	advanced countries
減る	へ・る	decrease
少子化	しょうしか	declining birthrate
急速に	きゅうそく・に	rapidly
年齢	ねんれい	age
支える	ささ・える	support
主張（する）	しゅちょう	assert, claim
年金	ねんきん	pension
相対的に	そうたいてき・に	relatively
急減（する）	きゅうげん	decline sharply, decrease rapidly
就業率	しゅうぎょうりつ	employment rate
生産性	せいさんせい	productivity
実際に	じっさい・に	actually
程度	ていど	about
実現（する）	じつげん	come true
整う	ととの・う	be provided
出生率	しゅっしょうりつ	birthrate
比率	ひりつ	ratio
技術革新	ぎじゅつかくしん	technical innovation
予想（する）	よそう	expect, predict

2課 実践練習語彙

審査	しんさ	judgement
最高裁判所	さいこうさいばんしょ	the Supreme Court
裁判官	さいばんかん	judge
役目	やくめ	role, duty

第2課

投票	とうひょう	vote
憲法	けんぽう	constitution
定める	さだ・める	establish
三権分立	さんけんぶんりつ	separation of the three powers (of administration, legislation, and judicature)
原則	げんそく	principle, general rule
採用（する）	さいよう	adopt
内閣	ないかく	Cabinet, Ministry
抑制（する）	よくせい	control, restrain
選挙	せんきょ	election
国会議員	こっかいぎいん	member of the Diet
内閣総理大臣	そうりだいじん	the Prime Minister
指名（する）	しめい	nominate, designate
任命（する）	にんめい	appoint
意思	いし	will
反映（する）	はんえい	reflect
司法	しほう	administration of justice
設ける	もう・ける	establish
衆議院	しゅうぎいん	the House of Representatives
経過（する）	けいか	pass, go by
信任（する）	しんにん	confide in, trust
白票	はくひょう	blank ballot
棄権	きけん	give up [abandon] one's right
奪う	うば・う	deprive
保留（する）	ほりゅう	suspend, reserve
精神性	せいしんせい	spirituality, mentality
施行（する）	しこう	enforce
定着（する）	ていちゃく	take root
対象	たいしょう	object
公表（する）	こうひょう	announce officially, make public

第3課

[本課のテーマ]
言いたいことは何かをつかむ

　第2課で見たように、文章を読むさいに大切なことは「その文章全体で何が問題になっているか」、つまり、文章全体の「問い」を知ることです。文章全体の「問い」がわかれば、その後の本論はその「問い」に対する「答え」として読んでいくことができます。

　そして、最後にその「答え」をまとめる結論の文があらわれます。本課では、文章全体の「問い」を意識しつつ、この結論を表す文を見のがさないように読む訓練をします。

3課 本文　次の文章を読んで、設問に答えなさい。

ことばに焼きつけられているもの

例1　A:「病院に行ったんでしょ？　どんな先生だった？」
　　　　B:「女医さんだったよ。」

例2　働く女性の権利を守らなければならない。

　この例1、例2はごく一般的に使われるものだが、例1のBの発言や例2の文の中に、ことばを通して見えてくる日本社会の一側面がうかがわれる。

　「女性の医者」のことを「女医」と言う。では、「男性の医者」は何と言うのだろうか。実は、日本語には「男性の医者」を一単語で表す表現はないのである。

　「女性の医者」が「女医」ならば「男性の医者」は「男医」になるはずである。しかし、この表現は実際には使われない。

　同様に、例2の文の「働く女性」を「働く男性」にすることも、意味的には全く問題ではないはずであるにもかかわらず、実際にはそうした表現が使われることはない（「働く人」なら問題なく使える）。

　なぜこのようなことが起こるのであろうか。

　ここで、少し言語学の用語を使うことにしたい。使うのは「無標」と「有標」という概念である。無標というのは簡単に言えば「当たり前の場合」ということであり、有標というのは「特別な場合」ということである。

　ある概念に名前を付ける場合、当たり前の（無標の）場合には特別な名前を付けず、特別な（有標の）場合にだけ特に名前を付けるということがよく行われる。

　この、特別な場合にだけ何かをするというやり方はわれわれの日常生活でもよく観察されることである。一例を挙げてみよう。

　自動車を運転する場合、方向指示器で自分が向かう方向を他の車に示す。この場合、指示器を使うのは右または左に曲がるときだけであって、直進するときには何も示さない。

ブレーキを踏んだときや後退するときだけ表示が出るのも同じ理由による。つまり、直進したりブレーキを踏まないのが無標の場合であり、曲がったり後退したりブレーキを踏んだりするのは有標の場合なのである。

ここで、例1と例2の場合に戻って考えてみると、「男医」や「働く男性」という表現がなく、「女医」「働く女性」という表現があるのは、「女性の医者」「働く女性」という概念が「医者」「働く人」というカテゴリーの中で有標なものであるからだと考えることができる。言い換えると、「医者」や「働く人」という概念の無標の対象は「男性」であるため、「男性の医者」や「働く男性」という概念を表すためにことさら特別の表現を作る必要はないということである。

以上のようなことは「医者」や「働く人」という概念に関する日本社会の深層心理を反映しているものと考えられる。このように、ことばにはそれを使う社会が持っている価値観が反映されていることがよくある。

＜設問＞

（1）この文章を序論・本論・結論の3部に分けなさい。

（2）序論から本論に変わるきっかけを与えている文を、文章全体の中から選びなさい。

（3）この文章全体の結論を表している文を、文章全体の中から選びなさい。

（4）この文章のタイトル「ことばに焼きつけられているもの」は何か、説明しなさい。

＜読解のストラテジー＞

　「言いたいことは何か」を理解するためには、文章全体の「答え」をまとめている**結論表示文**を見つけることが大切である。

結論表示文の特徴
- 判断・主張の文：金融危機が回避された以上、株価は今後安定に向かう｛にちがいない／ものと思われる／のではなかろうか｝。
- まとめの文：｛このように／したがって｝学校の指導力が弱体化した今、家庭と地域社会の協力が求められている｛のである／ことになりそうだ｝。

論説文の典型的な文章構造

序論：本論を理解するために必要なことを、前もって説明するところ。ここを読めば、「何の話か」がわかる。

　論点表示文：「何が問題になっているのか」を表す文。序論の終わり、または本論の始めにあり、文章全体の「問い」を示す。

　　　　↓

本論：「何が問題になっているのか」という論点表示文を受けて、その問題に対する具体的な説明が続くところ。

　　　　↓

結論：本論の具体的な説明をまとめ、「何が言いたいのか」を述べるところ。

　結論表示文：「何が言いたいのか」を表す文。結論に含まれ、その文章を通じて筆者が言いたかったことを、まとまった形で示す。

構造を予測する読解：読解においては、文章全体の構造を意識し、次に何が出てくるのかを意識して待つことが重要。
- 序論：「何の話か」→「何が問題になっているか」が出てくるのを待つ。
- 本論：「何が問題になっているか」→「何が言いたいのか」が出てくるのを待つ。
- 結論：「何が言いたいのか」→ 文章全体を通じての筆者の主張を見きわめる。

第 3 課

ストラテジーを身につける練習

次の α、β のうち、どちらが「結論」にふさわしいか。ふさわしいと思われるほうを選びなさい。

（1） α　批判する者を追いだす組織に未来はないのか。
　　　β　批判する者を追いだす組織に未来はないのではないか。

（2） α　現在、草の根の市民運動を見なおす時期に来ているのだろうか。
　　　β　現在、草の根の市民運動を見なおす時期に来ているのではなかろうか。

（3） α　金融庁も日銀の意見に耳を傾けるべきである。
　　　β　金融庁も日銀の意見に耳を傾けたほうがよいかなと思う。

（4） α　男性が家事をするようになれば、女性の社会進出もより容易になるにちがいない。
　　　β　男性が家事をするようになれば、女性の社会進出もより容易になるらしい。

（5） α　こんどのサミットでは、そうした問題が話し合われることになるそうだ。
　　　β　こんどのサミットでは、そうした問題が話し合われることになりそうだ。

（6） α　携帯電話は今も進化し続けているのである。
　　　β　携帯電話は今も進化し続けているからである。

（7） α　このように、ベンチャー企業への投資が進めば、経済も活性化するだろう。
　　　β　この結果、ベンチャー企業への投資が進めば、経済も活性化するだろう。

（8） α　このため、小児科医を増やすためのシステムを早急に作る必要がある。
　　　β　したがって、小児科医を増やすためのシステムを早急に作る必要がある。

3課 実践練習 次の文章を読んで、設問に答えなさい。

消費者の求めているもの

　高度経済成長期が終わるころまでに、生活に必要なものを一通り持つようになった日本の消費者は、バブル期に必要のないもの、高額なものを買う傾向にあった。しかし、バブル崩壊後、消費者がそうしたものを買わなくなったことによって、市場は完全な買い手市場になった。それに伴い、高度成長期の「いいものを、安く」に加え、「品数豊富なものの中から、手軽に」買えるようにしなければ、ものが売れなくなった。小売店は、ものを買わない消費者にいかに買わせるかについて、さまざまな方法を考えはじめている。

　高度成長期の日本の消費者を支えた商店街は、いろいろな店を回らなければならない不便さや、品数、価格の面から、あまり利用されなくなった。また、オイル・ショック後からバブル期までを支えた都市型のスーパーも、2004年末に産業再生機構の支援を受けることになったダイエーに代表されるように、郊外型の大型ディスカウント店に押され、売り上げを減らしている。大型ディスカウント店は地価の安い郊外にあることが多いため、その分、売り場面積も大きくすることができ、安い商品を品数豊富にそろえることができる。また、車社会の進展によって、大きな駐車場を持つこうした店に消費者が手軽に買いに行けるようになったことも大きい。

　コンビニエンス・ストアは、商品の値段は安くはないが、24時間営業という手軽さや、売れるものしか置かないという徹底した商品管理、コピーや銀行のATMといった提供されるサービスの豊富さによって店の数を急速に増やし、そのおかげでますます便利になっている。いまでは、ディスカウント・ストアとコンビニエンス・ストアをあわせたような、深夜営業をする大型量販店も増えている。深夜という時間は人間の判断力がにぶるため、必要のないものでも、安ければつい買ってしまう。ものがあふれた現代社会の中で、このような大型量販店は購買者のそうした心理をうまく利用している。

　一方、高価な商品を品数豊富に取りそろえていたデパートも、2000年のそごうの倒産に代表されるように、衰退しはじめている。一部の高級ブランド品をのぞき、ブランド物でさえも、安くなければ売れなくなってきている。現在、郊外でアウトレット・モールが

成功しているのは、メーカーが卸を通さずに、ブランド物を消費者に直接安く売っているからであろう。また、流通コストのかからない通信販売やインターネット・ショッピングも多く利用されるようになった。豊富なリストの中から自分の好きなものを、自宅で手軽に選ぶことができるからである。

このように、現在、商品に関するさまざまな情報が市場にあふれており、消費者が商品を選ぶ目はますます厳しくなっている。小売店はそうした消費者にものを売るために、新たな方法を次々に考えだしている。消費者の買い物をめぐる状況は、近年急速に変化しているのである。

<設問>

（1）この文章を序論・本論・結論の3部に分けなさい。

（2）本論に変わるきっかけを与えている文を、文章全体の中から選びなさい。

（3）この文章全体の結論を表している文を、文章全体の中から選びなさい。

（4）この文章を200字程度で要約しなさい。

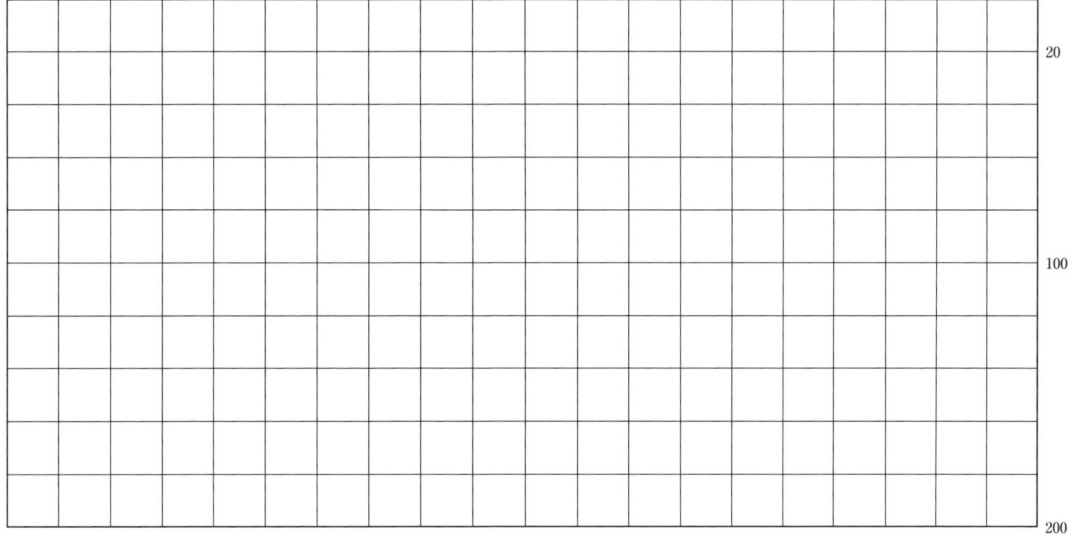

3課 本文語彙

側面	そくめん	the side
実際に	じっさい・に	really
同様に	どうよう・に	in the same way [manner], similarly
無標	むひょう	unmarked
有標	ゆうひょう	marked
概念	がいねん	general idea, notion
日常	にちじょう	daily, everyday
観察（する）	かんさつ	observe
挙げる	あ・げる	give
方向指示器	ほうこうしじき	blinker
後退（する）	こうたい	back up
対象	たいしょう	object
ことさら		especially, particularly
深層心理	しんそうしんり	depth psychology
反映（する）	はんえい	reflect

3課 実践練習語彙

高額	こうがく	high-priced
傾向	けいこう	tendency (toward)
崩壊	ほうかい	collapse, breakdown
伴う	ともな・う	follow, accompany
品数	しなかず	stock [assortment] of goods
豊富	ほうふ	plentiful
手軽に	てがる・に	easily, readily
支える	ささ・える	support
商店街	しょうてんがい	shopping street [district]
不便さ	ふべん・さ	inconvenience
産業再生機構	さんぎょうさいせいきこう	Industrial Revitalization Corporation of Japan

支援	しえん	support
郊外	こうがい	suburbs
減らす	へ・らす	decrease
面積	めんせき	surface area
駐車場	ちゅうしゃじょう	parking area
徹底（する）	てってい	be thorough
提供（する）	ていきょう	provide
急速に	きゅうそく・に	rapidly
量販店	りょうはんてん	volume retailer
購買者	こうばいしゃ	purchaser
倒産	とうさん	bankruptcy
衰退（する）	すいたい	decline
卸	おろし	wholesale trade
流通	りゅうつう	distribution
通信販売	つうしんはんばい	mail-order
状況	じょうきょう	situation

第4課

[本課のテーマ]
歴史を扱った文章を読む

歴史を扱った文章は、一般の論文とは違った文章構成をとります。

・一般的な論文は、序論・本論・結論という論理的な構成をとります。

・歴史を扱った文章は、時間の流れにそった時間的な構成をとります。

本課では、時間の経過と因果関係の2点に着目しつつ、歴史を扱った文章を読む練習をします。

4課 本文 次の文章を読んで、設問に答えなさい。

バブル経済

　1970年代の2度の石油ショックの後、日本経済は、政府の積極的な経済財政政策でいち早く回復し、安定成長の時代へと入った。しかし、1985年、アメリカが、世界最大の債務国に転落したとき、時代は動き始めた。

　双子の赤字を抱えるアメリカは、同年9月、プラザ合意の中で、アメリカの貿易赤字削減のための国際協調政策を先進各国（日、独、仏、英）に依頼。日本はその政策を実現するために、金融緩和政策を強く進め、1ドル200円前後だった為替レートが、120円前後へと円高が急速に進んだ。

　インフレを防ぐには、中央銀行が金利（公定歩合）を引き上げることが必要だが、日本銀行は低金利政策を続け、公定歩合は2.5％にまで下げられた。急速な円高によって生まれた国内不況を回復させようとしたからである。その結果、景気は一時的に回復へ向かい、インフレは急激に進んだ。ベルリンの壁が崩壊した1989年には、東京証券取引所で株価が最高値を記録した。しかし、そこからバブル崩壊が始まった。

　バブル崩壊が始まる直前の1989年5月まで、2年3か月も低金利政策が続いた結果、貨幣の供給量は飛躍的に増大し、過剰流動性が生まれた。こうした過剰流動性は、本来なら、物価に反映されるべきものだが、円高や原油価格の低下から物価は上がらず、過剰流動性は株式や土地などの資産に集中した。財テクということばが流行し、国内での投機熱が高まり、企業も個人もこうした資産を買いあさった。その結果、1956年から1986年までに、消費者物価の4倍弱に対し、土地は50倍に値上がりした。

　バブル崩壊後、土地に関係する不動産会社や建設会社に貸し出した資金が焦げ付き、銀行は多額の不良債権を抱え込むことになった。今まで倒産することがないと思われていた金融機関が相次いで破綻し、残った金融機関も貸し出した資金が焦げ付くことを恐れて、極端な貸し渋りに走った。その後、日本は長い不況の時代に入ることになる。

<設問>

（1）「金融機関の破綻」「インフレの急速な進行」「石油ショック」「バブル崩壊」「プラザ合意」「円高の急速な進行」「金融緩和政策」「安定成長」「低金利政策の継続」を時代順に並べなさい。

（2）なぜバブル経済になったか、説明しなさい。

（3）バブル経済が崩壊した後、金融機関と日本経済がどうなったか、述べなさい。

＜読解のストラテジー＞

　歴史を扱った文章では、歴史が大きく動くきっかけになった文が示されることはあっても、論文のような「何が問題になっているのか」を表す論点表示文が現れることは少ない。そのため、読者は、読んでいる文章が歴史的な文章であると気がついた時点で、時間の流れを意識した、一般の論文とは別の読み方をする必要が出てくる。そのさい、以下の①と②に着目する必要がある。

①**出来事の前後関係**：文章に出てくる出来事の順序を大切にすると同時に、「同年」「前年」「翌年」「1989年」などといった時間を示すことばを欠かさず確認し、出来事の前後関係を理解する。
（例）戦争に敗れた日本は1945年に無条件降伏し、翌年、象徴天皇制、国民主権を柱とする日本国憲法が制定された。

②**出来事の因果関係**：「その結果」「そのため」「それによって」「からである」など、「何が原因でどのような事件が起こったのか」「その事件が起こった結果、どのような影響が及んだのか」などといった出来事間の因果関係を意識する。
（例）日本は戦後急速に核家族化が進行した。その結果、成人した子どもたちは年老いた両親と一緒に住むことが少なくなり、老人だけで住む世帯が都市部でも郊外でも目立つようになった。

ストラテジーを身につける練習

[　　]に入る適当なことばを、下の[　　]のなかから選びなさい。同じことばを2度以上使わないこと。

（1）［　　　　　］、橋を建設するための費用は10億円と見られていた。しかし、実際に作ってみると、その倍の20億円もかかってしまった。

（2）終戦［　　　　　］、東京は焼け野原で何もなかった。

（3）以前残業の多かったこの会社も社員に残業をさせないようにした。［　　　　　］、仕事の能率が上がり、人件費も5％の節約になった。

（4）前の会社は初代の社長が始めた。［　　　　　］、合併し、今の名前になった。

（5）政府は消費税の増税を発表した。国民の反発が予想されるが、それと［　　　　　］に所得税の減税を行うことによって、国民の理解を得る方針だ。

（6）JRは現在は民営化されているが、［　　　　　］、国鉄という国有の鉄道だった。

（7）介護保険制度は導入した当時、大きな混乱を引き起こした。［　　　　　］、政府の方針が何度も変わったからである。

（8）そのソフト会社は創業当時、従業員は1人だけだった。しかし、パソコンの普及とともに仕事が増え、2005年［　　　　　］、その会社では100人の従業員が働いている。

　　　かつては　現在　当初　直後　同時　その結果　その後　というのは

4課 実践練習 次の文章を読んで、設問に答えなさい。

もはや戦後ではない

　日本は1945年（昭和20年）8月15日にポツダム宣言を受諾し、アメリカ中心の連合国軍に占領された。連合国軍総司令部（GHQ）の最高司令官はマッカーサーであった。GHQは様々な経済政策を行ったが、その中で特に重要なのは財閥解体と農地改革である。

　財閥解体は戦前の日本経済で大きな位置を占めていた三井、三菱、住友などの財閥を解体し、経済の自由化を行うためのものであった。一方、農地改革は地主の土地の一部を強制的に買い取り、敗戦まで苦しい生活を強いられてきた小作農に与える政策であり、いずれも日本の民主化にとって重要な意味を持っていた。ただし、後者については、結果的に大量の零細農家を作り出し、農業の生産性を低くしたという問題点も指摘されている。

　日本経済は戦争で壊滅的な状態になり、戦後は高いインフレ率に悩まされていた。その対策として、1949年に来日したドッジは強力な緊縮財政政策であるドッジ・ラインを敷き（このとき円の対ドルレートは1ドル＝360円と決められた）、そのため、日本経済は一気にデフレになった。こうして深刻な不況に陥った日本経済を「救った」のは50年に起こった、韓国（大韓民国）と北朝鮮（朝鮮民主主義人民共和国）の間で起こった朝鮮戦争による特需（朝鮮特需）である。これにより、日本経済は一気に好況になった。

　戦中・戦後の物不足の中で生産を確保するために、日本経済は国家が生産を統制する計画経済になっていた。そうした「ぬるま湯」的体質を改め、効率を重視する市場経済に日本経済を連れ戻すことがドッジ・ラインの真の目的であったと考えられている。

　こうした状況の中で日本の再独立に関する交渉が進められ、1951年に日本はサンフランシスコ講和条約を結び、6年ぶりに完全な独立を回復した。それと同時に、日米安全保障条約（日米安保）も結ばれ、現在まで続く日本とアメリカの同盟関係が始まった。

　1955年（昭和30年）には国民一人あたりのGNP（国民総生産）が戦前の水準に達した。これは日本経済が戦争からの復興の時期を過ぎたことを表していた。そのため、翌1956年の『経済白書』は、今後は特需などに頼らない、技術革新などによる自立的な経済発展が必要であるとして、「もはや＜戦後＞ではない」ということばをのせている。日本経済

はこのあと1973年の第1次石油危機のころまで高度経済成長を続けていくことになる。

<設問>

（1）「ドッジ・ライン」「もはや＜戦後＞ではない」「ポツダム宣言の受諾」「サンフランシスコ講和条約」「高度経済成長」「財閥解体」「GNPの戦前の水準への回復」「特需」「デフレによる不況」を時代順に並べなさい。

（2）なぜドッジ・ラインが敷かれたか、理由を二つ挙げなさい。

（3）「もはや＜戦後＞ではない」は何を意味しているか、考えなさい。

（4）この文章を200字程度で要約しなさい。

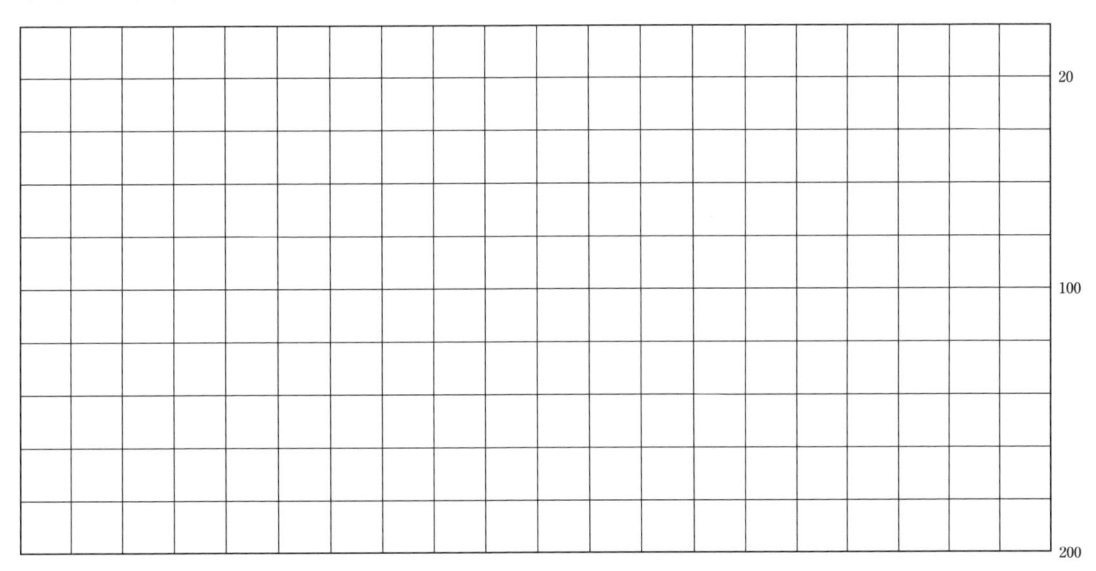

4課 本文語彙

債務国	さいむこく	debtor nation
転落（する）	てんらく	fall
双子の赤字	ふたご・の・あかじ	twin deficits
削減	さくげん	reduction
協調	きょうちょう	cooperation
依頼	いらい	request
実現（する）	じつげん	realize
金融	きんゆう	finance
緩和	かんわ	relaxation
為替	かわせ	exchange
急速に	きゅうそく・に	rapidly
防ぐ	ふせ・ぐ	prevent
公定歩合	こうていぶあい	interest rate
不況	ふきょう	depression, slump
回復（する）	かいふく	recover
急激に	きゅうげき・に	suddenly
崩壊（する）	ほうかい	fall
証券	しょうけん	securities
株価	かぶか	stock prices
貨幣	かへい	money
飛躍的に	ひやくてき・に	rapidly
過剰流動性	かじょうりゅうどうせい	excess liquidity
反映（する）	はんえい	reflect
投機	とうき	speculation
不動産	ふどうさん	real estate
焦げ付く	こ・げ・つ・く	become uncollectable
不良債権	ふりょうさいけん	non-performing loans
倒産（する）	とうさん	go bankrupt
極端な	きょくたん・な	extreme

貸し渋り	か・し・しぶ・り	restricted lending

4課 実践練習語彙

ポツダム宣言	ポツダムせんげん	the Potsdam Declaration
受諾	じゅだく	accept, consent
占領（する）	せんりょう	occupy
連合国軍総司令部	れんごうこくぐんそうしれいぶ	General Headquarter of the Supreme Commander for the Allied Powers
最高司令官	さいこうしれいかん	commander in chief
財閥	ざいばつ	financial clique [group]
地主	じぬし	landowner, landlord
強制的に	きょうせいてき・に	compulsorily, by force
小作農	こさくのう	tenant farmer
零細	れいさい	small-scale
生産性	せいさんせい	productivity
指摘（する）	してき	point out
壊滅的な	かいめつてき・な	deadly
悩む	なや・む	suffer
緊縮	きんしゅく	retrenchment, austerity
敷く	し・く	lay
不況	ふきょう	depression, slump
陥る	おちい・る	fall into
救う	すく・う	save, rescue
大韓民国	だいかんみんこく	the Republic of Korea
朝鮮民主主義人民共和国	ちょうせんみんしゅしゅぎ じんみん きょうわこく	the Democratic People's Republic of Korea
特需	とくじゅ	special procurements
好況	こうきょう	prosperity, a boom
統制（する）	とうせい	control, regulate
ぬるま湯	ぬるま・ゆ	lukewarm bath

状況	じょうきょう	situation
交渉	こうしょう	negotiation
サンフランシスコ講和条約	サンフランシスコこうわじょうやく	San Francisco Peace Treaty
回復（する）	かいふく	recover
日米安全保障条約	にちべいあんぜんほしょうじょうやく	Japan-U.S. Security Treaty
同盟	どうめい	alliance, union
復興	ふっこう	revival
白書	はくしょ	white paper
技術革新	ぎじゅつかくしん	technical innovation
自立的な	じりつてき・な	self-reliant

第5課

[本課のテーマ]
二項対立を見ぬく

　二項対立の文章とは、文章全体が二つの立場の対立からできている文章のことです。二つの立場の対立は、あることがらに対する「賛成」「反対」からできていますから、読者としてはこの二つを混乱しないように読む必要があります。

　本課ではどこまでが賛成意見で、どこまでが反対意見なのか、きちんと区別しながら読む練習をします。

5課 本文　次の文章を読んで、設問に答えなさい。

死刑制度廃止論

　アムネスティというNGOによると、1997年3月の時点で死刑を廃止した国は100カ国、死刑を廃止していない国は94カ国あるそうである。死刑廃止は世界的傾向だが、日本には死刑制度がある。そして、死刑制度を「存置」すべきだと考えている人（存置論者）と「廃止」すべきだと考えている人（廃止論者）がいる。

　死刑存置論者は、まず、被害者の気持ちを考える。人は自分の子供が殺されたら、犯人を殺したいと思うはずである。次に、存置論者は死刑があるから犯罪を抑えることができると言う。これを犯罪抑止力と言う。

　しかし、廃止論者は死刑には犯罪抑止力はないと主張する。日本の調査によれば、犯罪を犯す時に、自分が死刑になるだろうと考えた死刑囚はほとんどいなかったということである。また、アメリカには死刑制度がある州とない州があるが、死刑制度と重大な犯罪の発生件数には相関関係がないという調査結果も出ているらしい。

　また、死刑廃止論者は「殺人を罪とする国家が、死刑という殺人を犯すのは矛盾している」と言う。犯人に犯罪をさせた社会環境にも責任があるとも考える。

　そして、廃止論者が死刑に反対する一番大きな理由は、冤罪の問題である。まちがった裁判で死刑になってしまったら大変である。それに対して、存置論者は冤罪を防ぐためには、裁判を慎重にすればいいと考える。冤罪の可能性があるという理由だけで死刑制度を廃止すべきではないと主張する。

　死刑制度を存置する場合も廃止する場合もそれぞれに、利益と不利益があるはずである。現在の私たちにとってどちらの利益が大きいか、十分に議論することが大切だと思われる。

第5課

<設問>

(1) この文章が、死刑制度の賛成意見と反対意見について述べる文章であると、最初にわかる文はどれか、指摘しなさい。

(2) 第2～5段落において、死刑存置論者の立場に立つ文、死刑廃止論者の立場に立つ文をそれぞれ指摘し、2色のペンでぬり分けなさい。

(3) 立場の対立を表す表現にどんなものがあるか、この文章からぬき出しなさい。

＜読解のストラテジー＞

　二項対立の文章を理解するためには、以下の**対比を示すことば**に着目して、対比の構造を確実につかむことが大切である。

対比を示すことば：「一方」「それに対して」「しかし」「他方」「反対に」「反面」
　　　　　　　　　　「逆に」「むしろ」「だが」など。

対比の構造
　［A］と［B］がある。
　［Aは……］。一方／それに対して／しかし［Bは……］。
　［Bは……］。一方／それに対して／しかし［Aは……］。
　　A：賛成意見　　B：反対意見

　読むときには、二つの対立項に別々の色をぬると、賛成意見と反対意見の対立がさらにわかりやすくなる。また、賛成、反対には、それぞれの主張を支える根拠が存在する。ある根拠が述べられているとき、それがどちらの主張を支える根拠なのか、きちんと分けて読んでいくことも重要になる。

ストラテジーを身につける練習

I　［　　］に「また」「一方」のどちらかを入れなさい。どちらでもよい場合は、その理由を考えなさい。

（1）ゴミ処理場の建設に反対して、地元住民がデモをおこなった。［　　］その地域にある自然保護団体もそのデモに加わった。

（2）京都人は古い伝統文化を大切にする。［　　］新しい文化に対する好奇心も強い。

（3）日本はクリスチャンの人口が全人口の1％以下である。［　　］韓国ではクリスチャンの人口は全人口の25％以上を占める。

II　対比を示すことばに注意して、αとβのうち、［　　］に入れるのにふさわしいほうを選びなさい。

（1）スウェーデンは福祉に力を入れている。［　　］。
　　α　それに対して、ドイツは環境問題に力を注いでいる
　　β　それに対して、スウェーデンは環境問題にも力を注いでいる

（2）兄は医者になるために医学部に進んだ。［　　］。
　　α　一方、研究がおもしろくなって、医者にはならなかった
　　β　一方、弟は作家になるために文学部に入学した

（3）日本では、弁護士や公務員になるのに有利なため、法学部の人気が高い。［　　］。
　　α　しかし、台湾では、ビジネスの勉強ができるため、商学部の人気が高い
　　β　しかし、日本では、会計士になるのに有利なため、商学部の人気も高い

（4）その論文は、海外の大学では高い評価を受けた。［　　］。
　　α　反対に、学会誌には掲載されなかった
　　β　反対に、日本国内ではまったく注目されなかった

5課 実践練習　次の文章を読んで、設問に答えなさい。

外国人の参政権

　日本の政界には、日本の国籍を持たずに日本で暮らす在日外国人に対し、国や地方公共団体の選挙権・被選挙権を認めるべきだという意見と、認めるべきではないという意見があり、両者のあいだでいまだに議論が続いている。

　まず、外国人に参政権を認めるべきだと考える人は、外国人であっても納税者として日本人と同様に税金を納めているという事実が重要であると見る。つまり、義務を果たしているのだから権利も同様に認めるべきであると考えるのである。

　一方、認めるべきではないと考える人は、選挙権は、納税の義務に対する権利として認められているのではなく、日本国籍を持っている成人に与えられているものと見る。もし税金を払っていることで選挙権が得られるのであれば、20歳未満の未成年でも選挙権が持てることになるし、反対に、収入の低い人や生活保護を受けている人は納税の義務を十分に果たしていないということで、選挙権を持てなくなるおそれも出てくる。

　また、外国人に参政権を認めるべきではないという意見の人は、外国の国籍を持っている人はその国での選挙権が認められているのだから、日本で選挙権を行使する必要はないと見る。それに、もしその人が日本の選挙権を必要としているのなら、日本の国籍を取得し、帰化すればよいと考える。

　それに対し、参政権を認めるべきだと主張する人は、日本への帰化が容易ではない人もいること、さらには在日韓国・朝鮮人のように、戦時中、日本に強制的に連れてこられ、日本での生活を余儀なくされている人の存在を重視する。一時的な滞在者ならまだしも、定住者、とくに永住外国人には認められないのはおかしいと考えるのである。

　外国人を一時滞在者と定住者に分ける考え方のほかに、選挙権を国政と地方政治に分ける考え方もある。国政は国の存立に関わるものであり、その国に対して責任を持たない外国人に選挙権を認めるのは無理がある。しかし、地方政治は外国人の生活に直接関わるものであるため、生活者である外国人にも地方参政権が認められると考えることができるのである。というのは、日本国憲法の条文では、国政の選挙権は「国民固有の権利」（第十

五条一項)となっている。それに対して、地方政治の参政権は「その地方公共団体の住民が直接、これを選挙する」(第九十三条二項)となっているからである。

　このように、外国人参政権をめぐる見方は多様であり、今後も日本社会の国際化の流れのなかで、こうした議論が続いていくものと思われる。

＜設問＞

（1）外国人参政権を認めるべきだと考えている文、外国人参政権を認めるべきではないと考えている文をそれぞれ指摘し、2色のペンでぬり分けなさい。

（2）筆者自身は外国人参政権に対してどのような立場をとっているか、考えなさい。

（3）この文章を200字程度で要約しなさい。

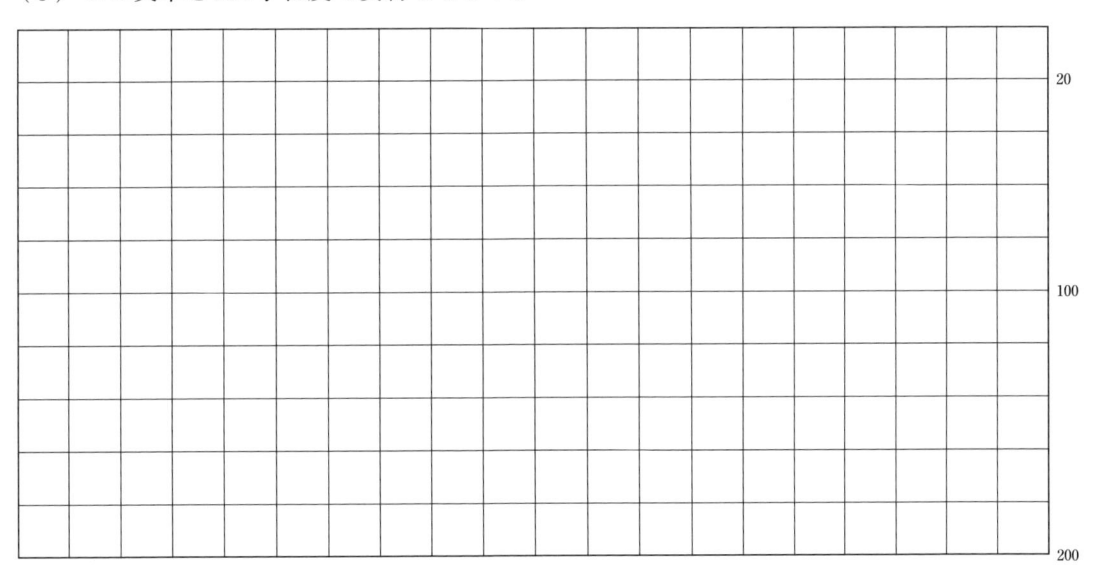

5課 本文語彙

死刑	しけい	capital punishment, death penalty
廃止（する）	はいし	abolish
傾向	けいこう	tendency (toward)
存置（する）	そんち	retain
被害者	ひがいしゃ	victim
犯罪	はんざい	crime
抑える	おさ・える	suppress
抑止力	よくしりょく	deterrent
主張（する）	しゅちょう	assert, claim
犯す	おか・す	commit (a crime)
死刑囚	しけいしゅう	condemned criminal
相関関係	そうかんかんけい	correlation
罪	つみ	crime, guilt
矛盾（する）	むじゅん	contradict
責任	せきにん	responsibility
冤罪	えんざい	false accusation, misjudgment
裁判	さいばん	(judical) trial
防ぐ	ふせ・ぐ	prevent
慎重に	しんちょう・に	carefully
利益	りえき	benefits, merits
不利益	ふりえき	disadvantage

5課 実践練習語彙

参政権	さんせいけん	the right to vote, suffrage
国籍	こくせき	nationality
地方公共団体	ちほうこうきょうだんたい	local government
選挙権	せんきょけん	the right to vote, suffrage
認める	みと・める	approve, admit

納税者	のうぜいしゃ	taxpayer
同様に	どうよう・に	in a same way
納める	おさ・める	pay
成人	せいじん	adult, grown-up
未成年	みせいねん	minority, infancy
生活保護	せいかつほご	welfare, social aid
行使（する）	こうし	exercise, use
帰化（する）	きか	become naturalized
主張（する）	しゅちょう	assert, claim
容易	ようい	easy
強制的に	きょうせいてき・に	compulsorily, by force
余儀なくされる	よぎ・なくされる	be obliged to do, cannot help doing
滞在者	たいざいしゃ	visitor
定住者	ていじゅうしゃ	permanent resident
存立	そんりつ	existence
憲法	けんぽう	constitution
固有	こゆう	inherent, peculiar

第6課

[本課のテーマ]
筆者の立場を見ぬく

　第5課では、二項対立の文章について学びました。二項対立の文章の中には、筆者が「賛成」「反対」のどちらの立場に立っているか、はっきりわかるものがあります。その場合、譲歩、逆接の表現など、筆者の立場を明確にする表現上の手がかりが文章の中に現れます。

　本課では、こうした表現上の手がかりを利用して、筆者の立場を見ぬく方法を考えます。

6課 本文　次の文章を読んで、設問に答えなさい。

環境税導入の是非

　環境破壊は地球規模で進んでいる。私たち自身のためにも、そして私たちの子どもたちのためにも、地球環境を守らなければならないということに反対する人はいない。それにもかかわらず、環境破壊はますますひどくなっている。高度経済成長期の公害対策として有効だった直接規制だけでは、近年のNOxによる大気汚染や、CO_2による地球温暖化に対処できないからである。そこで、現在、市場メカニズムを利用した方法、特に環境税の導入が検討されている。

　しかし、環境税は環境対策としてはたして有効なのかどうか、産業界を中心にその効果を疑問視する声が上がっている。石油の価格が上がった石油ショック後も石油消費は増えつづけたという事実があるからである。ただ、当時、日本は景気が回復していたときであったことを考える必要がある。石油ショック後の省エネルギー運動によってエネルギー効率は高まったが、好景気のため、省エネルギーの効果以上に石油の消費量は増えたのである。

　また、環境税を導入した場合、その税額をコストに上乗せしなければならないため、製品の価格が上がる。その結果、個人消費が減り、景気回復に水を差すおそれがあるという意見も産業界では強い。しかし、企業は製品の価格を上げないように、エネルギー消費を少なくするさまざまな技術を開発すると考えられる。そうした技術革新が、その企業のコスト削減や国際競争力強化につながる可能性もある。

　もともと税額が高い石油などの化石エネルギーに、さらに税を課すのはおかしいという指摘もある。しかし、それは道路を新たにつくるための特定財源として高い税金が課されていたためであり、道路が十分整備された現状では、不必要な道路を新たにつくらないことで解決することが可能になっている。むしろ、特定財源にするのなら、環境税こそ特定財源にふさわしい。環境税を環境目的税にすれば、その税収を環境保護のためだけに使うことができるからである。

　もちろん、急激な変化は景気の悪化を招くおそれがあるため、現段階では導入に慎重にならなければならない面もある。しかし、以上のようなことを考えると、私たち、そして

子どもたちの将来にむけて、環境税を徐々に導入していく時期に来ているように思われる。

<設問>

（1）第2段落以降の文章を、筆者と対立する立場の文、筆者自身の立場の文に分け、それらを2色のペンでぬり分けなさい。

（2）筆者と対立する主張を示すことば、筆者自身の主張を示すことばにどんなものがあるか。この文章からすべてぬき出しなさい。

<読解のストラテジー>

　筆者の立場を見ぬくためには、以下の**譲歩を示すことば、逆接を示すことば**に着目して、その構造を見ぬくことが必要である。

譲歩（筆者と対立する主張）を示すことば：「確かに」「もちろん」「なるほど」「無論」などの副詞。「わかる」「認める」「だろう」「かもしれない」「という見方はある」「という意見もある」「と思われている」などの文末表現。

逆接（筆者自身の主張）を示すことば：「しかし」「だが」「けれども」「にもかかわらず」「ところが」「ただ」などの接続詞。「一方」「それに対して」などの対比の意味が強い接続詞はあまり用いられない。

譲歩と逆接の構造

　　確かに／もちろん［Aも……］だろう／かもしれない。
　　しかし／だが［Bは……］。
　　　A：筆者と対立する主張　　B：筆者自身の主張

　読むときには、**筆者の立場と、筆者と反対の立場に別々の色をぬる**と、筆者の立場がより鮮明になる。

第6課

ストラテジーを身につける練習

Ⅰ ［　　　］の中を自分で考え、文を完成させなさい。

（1）確かに［　　　　　　　　　　　　　］かもしれないが、結婚だけが女性の幸せではないはずだ。

（2）［　　　　　　　　　　　　　　　　］が、すべての病気にきくわけではない。

（3）［　　　　　　　　　　　　　　　］。むしろ、土地が安く、環境もよい地方都市のほうが住みやすいと言える。

（4）［　　　　　　　　　　　　　　　］。しかし、日本国憲法は本当に時代遅れになったのであろうか。

Ⅱ ［　　　］の中を自分で考え、文を完成させなさい。

（1）もちろん、インターネットは世界のさまざまな最新の情報を伝えてはくれるが、［　　　　　　　　　　　］。

（2）バブルを引き起こしてしまった責任の一部は経済学者にあったことは認めざるをえない。だが、［　　　　　　　　　　　］。

（3）公共事業がどれも意味がないものであると言い切ることはできない。ただ、［　　　　　　　　　　　］。

（4）もちろんすべてのゴミがリサイクルできるわけではない。しかし、［　　　　　　　　　　　］。

6課 実践練習　次の文章を読んで、設問に答えなさい。

夫婦別姓制度

　日本の民法では結婚する夫婦は同姓を選ばなければならず、夫婦別姓を選ぶことはできない。このことは、姓を変えなければならない女性にとって、大きな問題となる場合がある。この民法の規定が変わらない背景には、夫婦同姓制度を守ろうとする人々の根強い反対がある。

　夫婦同姓論者は、まず夫婦別姓によって家族の一体感が弱まると主張する。これは一見正当な主張に思える。しかし、夫婦別姓制度を取る国が必ずしも夫婦の離婚率が高いとは限らないということからわかるように、夫婦別姓であることと家族の結びつきが弱いこととは無関係であると考えられる。

　夫婦同姓制度は、男性の姓、女性の姓、いずれを選んでもよいものであり、必ずしも男性の姓を選ばなければならないわけではないと言われることもある。確かに、理屈のうえではその通りである。だが、現実の日本社会を見ると、98％の夫婦が男性の姓を選んでいる。これは、事実として不平等であると言わざるをえない。

　さらに、名字が変わったからといって、人格が変わるわけではないという主張もある。しかし、生まれたときから共に歩んできた名前を変えなければならない苦痛は、名前を変えた経験のない人には理解できないものである。これまで生きてきた人生が否定されるような気にさえなるアイデンティティの問題なのである。

　同時に、名字を変えることで、これまで築いてきたキャリアを失うおそれもある。さらに、結婚して姓を変え、離婚して姓を戻すということになると、姓の変更によって、個人のプライバシーを二度さらすことになるのである。別姓が選択できれば、このような問題は解消されるはずである。

　もちろん、伝統的な価値観を重視する人や、家族の一体感を求めて名前を変えたいという人がいてもよい。しかし、それは、結婚するさいに同姓か別姓かを選べる選択的夫婦別姓制度を取り入れればよいのである。選択的夫婦別姓制度を導入しても、姓を変えたいという人に大きな不利益を及ぼすことはないと思われる。

<設問>

（1）この文章を、筆者と対立する立場の文、筆者自身の立場の文に分け、それらを2色のペンでぬり分けなさい。

（2）譲歩を示すことば、逆接を示すことばにどんなものがあるか。この文章からぬき出しなさい。

（3）この文章を200字程度で要約しなさい。

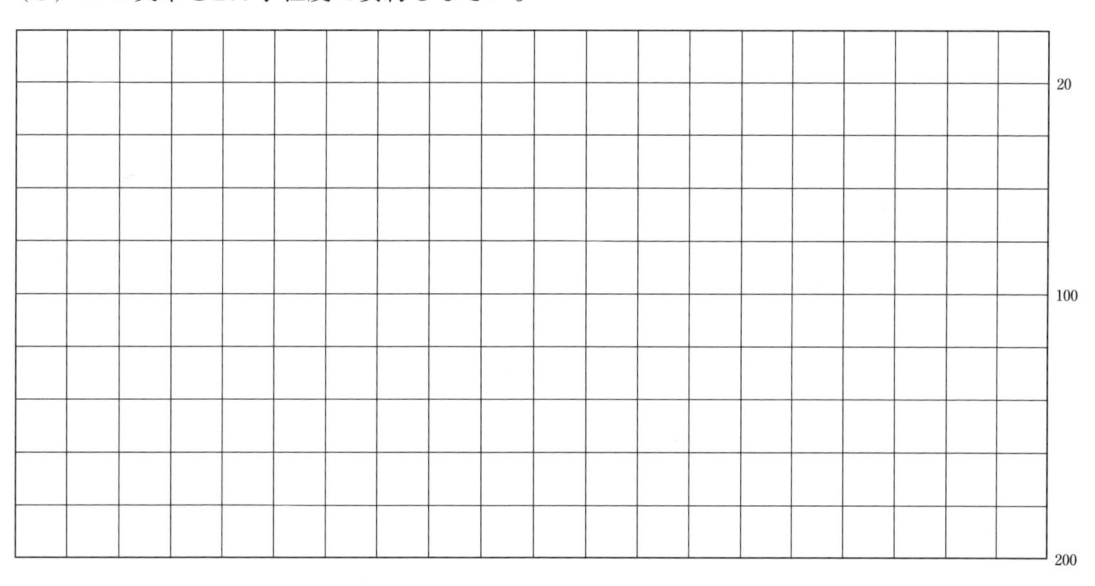

6課 本文語彙

導入	どうにゅう	introduction
環境破壊	かんきょうはかい	environmental destruction
公害	こうがい	pollution
規制	きせい	regulation
大気汚染	たいきおせん	air pollution
地球温暖化	ちきゅうおんだんか	global warming
対処（する）	たいしょ	cope with
疑問視（する）	ぎもんし	cast doubt on
省エネルギー	しょうエネルギー	energy conservation
上乗せ（する）	うわの・せ	add upon
減る	へ・る	decrease
水を差す	みず・を・さ・す	have a negative effect
技術革新	ぎじゅつかくしん	technical innovation
削減	さくげん	reduction
競争力	きょうそうりょく	competitiveness
化石エネルギー	かせきエネルギー	fossil fuel
指摘	してき	pointing out
特定財源	とくていざいげん	specific tax revenues source
課す	か・す	impose, levy
整備（する）	せいび	construct
急激な	きゅうげき・な	sudden
悪化	あっか	worsening
招く	まね・く	bring about
慎重	しんちょう	careful
徐々に	じょじょ・に	gradually

6課 実践練習語彙

民法	みんぽう	civil law
姓	せい	family name, surname

規定	きてい	regulation, provision
背景	はいけい	background
一体感	いったいかん	identification, a sense of belonging
主張（する）	しゅちょう	assert, claim
一見	いっけん	apparently
離婚率	りこんりつ	divorce rate
結びつき	むす・びつき	connection
理屈	りくつ	theory, logic
不平等	ふびょうどう	inequality
名字	みょうじ	family name, surname
人格	じんかく	personality
苦痛	くつう	pain, torture
否定（する）	ひてい	deny
築く	きず・く	build, lay
さらす		expose
解消（する）	かいしょう	dissolve
伝統的な	でんとうてき・な	traditional
導入（する）	どうにゅう	introduce
不利益	ふりえき	disadvantage

第7課

[本課のテーマ]
文章を整理して理解する

　本論がいくつかの部分に分かれる場合、筆者はそれぞれに順序をつけて、整理して示すという方法がよく使われます。こうした順序を示すことばに注意して読んでいけば、長い文章を整理して理解することができます。

　本課では、順序を表すことばを手がかりにして、長い文章の構造を正しく理解する方法を学びます。

7課 本文　次の文章を読んで、設問に答えなさい。

国際関係におけるNGOの意義

　近年、特に1990年代以降、国境を超えて活動するNGOの役割が拡大している。具体的には、緊急食糧援助、開発、人権、環境など、さまざまな分野でNGOの台頭が目立っている。NGOの役割の拡大は、人命や個人の権利を守るという人道的見地から見て重要であるだけでなく、国際関係を考える上でも意義のあることである。

　このようにNGOの役割が拡大しているのは、NGOが国際制度の成立を促したり、NGO自体が国際制度に入り込んだりすることによって国家間の関係を動かしているからである。この背景には、1990年代以降、NGOのネットワーク化が進んだことによって、NGO側が政府や国際組織と対等に交渉するだけの能力を身に付けたことがある。例えば、1,000以上のNGOが集まってできたネットワークである地雷禁止国際キャンペーン（ICBL）は、カナダ政府などに働きかけて、対人地雷禁止条約という国家間の取り決めを成立させた。そして、このICBLは、1999年に条約が発効されたあとも、各国や各地域の地雷廃棄の状況についてモニターを続けている。この例のように、NGOがネットワーク化され、政府の行動や国家間の関係を変化させることを地球市民社会の成立過程とみる論者もいる。

　しかし、NGOの役割が拡大したことをどのように評価するかは難しい。NGOはプラスの効果だけをわれわれにもたらすとは限らないからだ。現在、NGOが抱えている問題点は、大きく分けて四つある。

　まず、NGOは誰を代表しているのかという代表性の問題がある。NGOは国会議員のように民主的選挙で選ばれるわけではない。したがって、市民に広く支持されたNGOが役割を拡大するとは限らないのである。その意味でNGOは市民社会の意思を反映しているとは必ずしもいえない。また、NGOも自らの活動の結果に対して責任を求められるという責任性の問題がある。NGOは事業に失敗することもある。その場合、誰に対して、どのような責任をとるのかが課題とされている。さらに、資金面で政府に依存する中で、NGOはどのように政府からの自立を保持していくかという自立性の問題がある。資金面で政府に過度に依存するようなNGOは準政府組織（QUANGOと呼ぶ）であるという指

摘もある。そして、NGOは国内政治にどこまで関与できるかという政治性の問題がある。NGOが国内の政策変更を求める場合、政党など特定の政治勢力の利益を代弁しないように注意する必要がある。

　NGOは、撃てば必ず成果があがる「魔法の銃弾」ではない。国際関係を考える上でも、以上のような問題点を認識しつつ、NGOの役割に注目する必要がある。

<設問>

（１）ある文をそのあとの文章の中でくわしく説明することを予告することばを、本文中から三つ選びだしなさい。

（２）下線部の「現在、NGOが抱えている問題点」を四つ挙げなさい。また、その四つの問題点を挙げるときに、どのようなことばがそれぞれ始めに使われているか、指摘しなさい。

<読解のストラテジー>

　長い文章を整理して理解するためには、**列挙の構造**と、それを示すことばを意識して読むことが大切である。列挙には、時間などの制約があって順序を変えられない「**順序が固定されている列挙**」と、番号さえ変えれば並べる順序を変えられる「**順序が固定されていない列挙**」とがある。

列挙の構造
１．順序が固定されている列挙（時間的な順序やランキングのような順位など）
　　〜を訪問した（観察した）。／〜を調査した（発表した）。／〜は何か。
　　　まず／最初に……。
　　　次に／続いて／次いで……。
　　　さらに……。
　　　そして／最後に……。

２．順序が固定されていない列挙（「１．」を除いた一般的な列挙）
　　〜がＸつある。／どうして（何が）〜か。
　　　第一に／まず……。
　　　第二に／次に／それから／また……。
　　　第三に／さらに／それから／また……。
　　　そして／最後に……。

　列挙を示すことばは、読んでいるうちに忘れてしまわないように、**ペンで印をつけて**おくとよい。また列挙される項目は比較的長いものが多いので、**段落単位で文章を見ていく**という大きな目も忘れないようにしたい。

ストラテジーを身につける練習

［　　］に適当な接続詞（列挙を示すことば）を入れなさい。なお、（1）では数字の入った接続詞を使い、（2）では数字の入った接続詞は使わないこと。

（1）日本の経済がインフレになると考える根拠は三つある。［①　　　　］この半年円安が続いていること。［②　　　　］市場金利が低く抑えられていること。［③　　　　］中東情勢の不安から原油や金の価格が上がっていることである。

（2）労働組合の組織率が下がった理由は三つある。［①　　　　］リストラや企業の倒産により、雇われている人の数が減ったこと。［②　　　　］、正社員が減り、アルバイトやパートの労働者が増えていること。［③　　　　］、産業構造の変化に労働組合がついていけていないことである。

（3）大地震が来たとき、しなければならないことは何か。［①　　　　］、大きなゆれが来たとき、近くにある机の下などに入り、自分の身を守らなければならない。［②　　　　］、ゆれがおさまってきたら、台所などで火を使っている場合、火を消さなければならない。［③　　　　］、ゆれが完全におさまったら、電気のブレーカーを下ろして、決められた避難場所に避難しなければならない。ブレーカーを下ろすのは、下ろし忘れると、停電から回復したとき、電気がショートして火事を起こす危険があるからである。

（4）日本ではどんな色の車が売れるのか。よく売れている乗用車の色を調査した。もっとも人気があるのは、グレー（灰色）やシルバー（銀色）。生産台数の約4割を占める。［①　　　　］、白が約3割。［②　　　　］、青、黒と続く。

7課 実践練習　次の文章を読んで、設問に答えなさい。

IT革命が企業を変える

　日本ではこの10年で、インターネット、携帯電話が急速に普及した。当初、日本はIT分野でアメリカに大きく遅れていたが、1999年に世界で最初に携帯電話からインターネットに接続できるサービス（ｉモード）を始めた。今では、電車の中などで、携帯電話を使ってインターネットにアクセスしたりテレビを見たりしている若者をふつうに見かけるようになった。IT、すなわちinformation technology（情報技術）革命が現在でも進行中である。IT革命によって、日本の企業はどのように変化していくのだろうか。

　まず、問屋や代理店などの中間業者を通さない直接取引の形態が増える。インターネットを利用した商取引をｅコマースと呼ぶ。ｅコマースには、B to B（Business to Business）、B to C（Business to Consumer）の2つの形がある。B to Bは企業どうしの取引であり、例えば、自動車部品メーカーが自動車メーカーに部品を売る場合がこれに当たる。一方、B to Cは企業が消費者に商品やサービスを売ることである。また、近年C to C（Consumer to Consumer）、つまり消費者同士の取引も、オークションのサイトや個人のホームページなどを利用してさかんに行われるようになった。

　次に、ベンチャー・ビジネスの生まれやすい環境になる。最近定着した言葉にSOHOがある。Small Office Home Officeの略であり、アメリカでは約4200万人がSOHOで働いていると言われている。パソコンの普及、インターネット社会の進展によって、日本でもSOHOでベンチャー・ビジネスを始めることが、以前より容易になった。

　さらに、大企業も組織の変革を求められることになる。以前の大企業のような中央集権型の企業組織では、何かを決めるために長い時間がかかっていた。しかし、社会のIT化によって情報の共有化が進むようになると、大企業が情報を占有できていた時代とは違い、情報は新しいうちに利用しなければ価値が減ってしまう。そのため、短い時間で意志決定をする必要が生まれ、自社では時間やコストがかかりすぎる部門を外部委託（アウトソーシング）するなどの改革も進められるようになった。つまり、中央集権型の組織から分散型の組織への移行が起きているのである。

IT社会を生き抜くために、企業も個人も新しい戦略と創造性が求められている時代であると言えるだろう。

注：B to C（Business to Consumer）、C to C（Consumer to Consumer）のConsumerはCustomerを使う場合もある。

＜設問＞

（1）下線部の「変化」はいくつあるか。

（2）それぞれの「変化」の内容を簡潔に述べなさい。

（3）この文章を200字程度で要約しなさい。

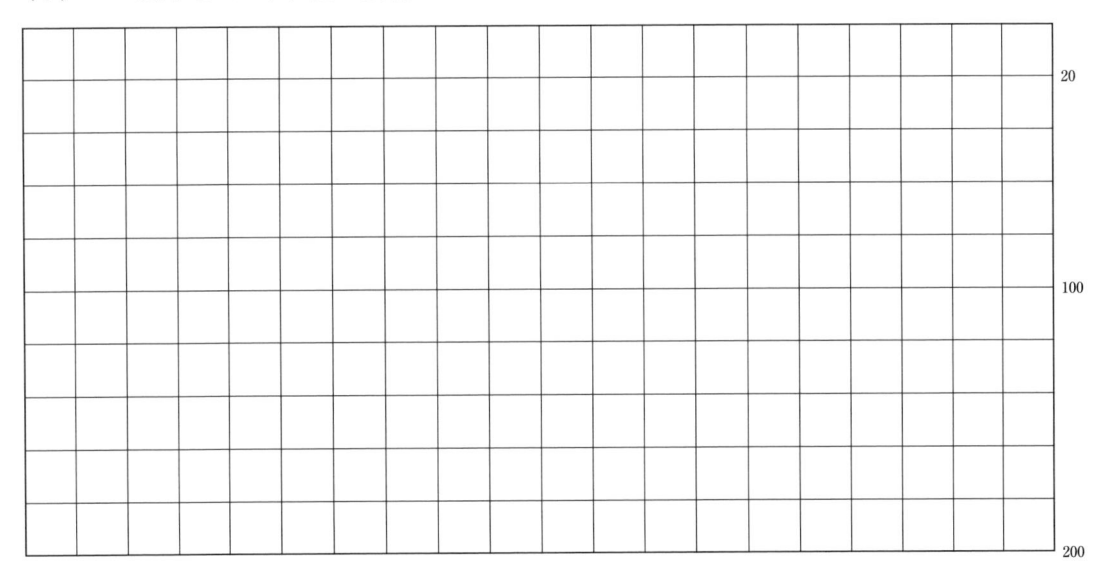

7課 本文語彙

意義	いぎ	meaning, significance
国境	こっきょう	country borders
緊急	きんきゅう	emergency
食糧	しょくりょう	food, provisions
台頭	たいとう	rise
人道的見地	じんどうてきけんち	humanitarian standpoint
促す	うなが・す	urge
背景	はいけい	setting
対等に	たいとう・に	equally
交渉（する）	こうしょう	negotiate
地雷	じらい	landmine
発効（する）	はっこう	come into effect
廃棄	はいき	removal
状況	じょうきょう	situation
国会議員	こっかいぎいん	member of the Diet
選挙	せんきょ	election
意思	いし	will
反映（する）	はんえい	reflect
責任	せきにん	responsibility
依存（する）	いそん	depend
自立	じりつ	independence
関与（する）	かんよ	participate in
利益	りえき	benefits, merits
代弁（する）	だいべん	represent
撃つ	う・つ	fire, shoot
魔法の銃弾	まほう・の・じゅうだん	magic bullet

7課 実践練習語彙

携帯電話	けいたいでんわ	cellular phone
急速に	きゅうそく・に	rapidly
普及（する）	ふきゅう	spread, diffuse
接続（する）	せつぞく	connect
問屋	とんや	wholesale dealer
代理店	だいりてん	agency
形態	けいたい	form
定着（する）	ていちゃく	take root
容易	ようい	easy
変革	へんかく	reform
中央集権	ちゅうおうしゅうけん	centralization
占有（する）	せんゆう	take possession
減る	へ・る	lose (value)
外部委託	がいぶいたく	outsourcing
分散	ぶんさん	dispersion
移行	いこう	switch
戦略	せんりゃく	strategy
創造性	そうぞうせい	creativity

著者
一橋大学国際教育交流センター

装幀・本文デザイン
山田　武

留学生のための
ストラテジーを使って学ぶ文章の読み方

2005年10月17日　初版第1刷発行
2023年 1 月27日　　第 14 刷 発 行

著　者　一橋大学国際教育交流センター
発行者　藤嵜政子
発　行　株式会社　スリーエーネットワーク
　　　　〒102-0083　東京都千代田区麹町3丁目4番
　　　　　　　　　　トラスティ麹町ビル2F
　　　　電話　営業　03（5275）2722
　　　　　　　編集　03（5275）2725
　　　　https://www.3anet.co.jp/
印　刷　倉敷印刷株式会社

ISBN978-4-88319-369-1 C0081
落丁・乱丁本はお取替えいたします。
本書の全部または一部を無断で複写複製（コピー）することは著作権法上での例外を除き、禁じられています。

■ 新完全マスターシリーズ

● 新完全マスター漢字
日本語能力試験N1
　1,320円（税込）（ISBN978-4-88319-546-6）
日本語能力試験N2（CD付）
　1,540円（税込）（ISBN978-4-88319-547-3）
日本語能力試験N3
　1,320円（税込）（ISBN978-4-88319-688-3）
日本語能力試験N3 ベトナム語版
　1,320円（税込）（ISBN978-4-88319-711-8）
日本語能力試験N4
　1,320円（税込）（ISBN978-4-88319-780-4）

● 新完全マスター語彙
日本語能力試験N1
　1,320円（税込）（ISBN978-4-88319-573-2）
日本語能力試験N2
　1,320円（税込）（ISBN978-4-88319-574-9）
日本語能力試験N3
　1,320円（税込）（ISBN978-4-88319-743-9）
日本語能力試験N3 ベトナム語版
　1,320円（税込）（ISBN978-4-88319-765-1）
日本語能力試験N4
　1,320円（税込）（ISBN978-4-88319-848-1）

● 新完全マスター読解
日本語能力試験N1
　1,540円（税込）（ISBN978-4-88319-571-8）
日本語能力試験N2
　1,540円（税込）（ISBN978-4-88319-572-5）
日本語能力試験N3
　1,540円（税込）（ISBN978-4-88319-671-5）
日本語能力試験N3 ベトナム語版
　1,540円（税込）（ISBN978-4-88319-722-4）
日本語能力試験N4
　1,320円（税込）（ISBN978-4-88319-764-4）

● 新完全マスター単語
日本語能力試験N1 重要2200語
　1,760円（税込）（ISBN978-4-88319-805-4）
日本語能力試験N2 重要2200語
　1,760円（税込）（ISBN978-4-88319-762-0）

改訂版　日本語能力試験N3 重要1800語
　1,760円（税込）（ISBN978-4-88319-887-0）
日本語能力試験N4 重要1000語
　1,760円（税込）（ISBN978-4-88319-905-1）

● 新完全マスター文法
日本語能力試験N1
　1,320円（税込）（ISBN978-4-88319-564-0）
日本語能力試験N2
　1,320円（税込）（ISBN978-4-88319-565-7）
日本語能力試験N3
　1,320円（税込）（ISBN978-4-88319-610-4）
日本語能力試験N3 ベトナム語版
　1,320円（税込）（ISBN978-4-88319-717-0）
日本語能力試験N4
　1,320円（税込）（ISBN978-4-88319-694-4）
日本語能力試験N4 ベトナム語版
　1,320円（税込）（ISBN978-4-88319-725-5）

● 新完全マスター聴解
日本語能力試験N1（CD付）
　1,760円（税込）（ISBN978-4-88319-566-4）
日本語能力試験N2（CD付）
　1,760円（税込）（ISBN978-4-88319-567-1）
日本語能力試験N3（CD付）
　1,650円（税込）（ISBN978-4-88319-609-8）
日本語能力試験N3 ベトナム語版（CD付）
　1,650円（税込）（ISBN978-4-88319-710-1）
日本語能力試験N4（CD付）
　1,650円（税込）（ISBN978-4-88319-763-7）

■ 読解攻略！
日本語能力試験 N1 レベル
　1,540円（税込）（ISBN978-4-88319-706-4）

■ 日本語能力試験模擬テスト

CD付　各冊990円（税込）

● 日本語能力試験N1 模擬テスト
〈1〉（ISBN978-4-88319-556-5）
〈2〉（ISBN978-4-88319-575-6）
〈3〉（ISBN978-4-88319-631-9）
〈4〉（ISBN978-4-88319-652-4）

● 日本語能力試験N2 模擬テスト
〈1〉（ISBN978-4-88319-557-2）
〈2〉（ISBN978-4-88319-576-3）
〈3〉（ISBN978-4-88319-632-6）
〈4〉（ISBN978-4-88319-653-1）

● 日本語能力試験N3 模擬テスト
〈1〉（ISBN978-4-88319-841-2）
〈2〉（ISBN978-4-88319-843-6）

● 日本語能力試験N4 模擬テスト
〈1〉（ISBN978-4-88319-885-6）
〈2〉（ISBN978-4-88319-886-3）

スリーエーネットワーク

ウェブサイトで新刊や日本語セミナーをご案内しております。
https://www.3anet.co.jp/

留学生のための

ストラテジーを使って学ぶ
文章の読み方 ［別冊］

スリーエーネットワーク

解答（解答は一例です）

1課 本文

（1）動物：7、人：6、法：5、犬：5、飼い主：4、ペット：4、規約：4、裁判：3、管理：3、飼育：3（世界：2、財物：2、所有：2、恋：2、慰謝料：2、組合：2）

（2）法律・規則のグループ（法、規約、裁判、管理）
　　　人間のグループ（人、飼い主）
　　　動物のグループ（動物、犬、ペット、飼育）

（3）法の世界に住む動物たち
　　　（（2）の三つのグループのうち、人間のグループが法律に関係があるのは当然なので、「法と動物」「裁判とペット」のように法律と動物のグループを組み合わせて題名をつけることになる）

（4）冒頭の段落と結末の段落

ストラテジーを身につける練習

（1）「労働者」と「従業員」、「ストライキ」と「デモ行進」

（2）「裁判」と「訴訟」

（3）「製造」と「生産高」

（4）「投資」と「資本」

（5）「景気」「回復」と「好況」

（6）「（国家間の）競争」と「（経済）摩擦」

（7）「需要」と「供給」

（8）「消費者」と「生産者」

1課 実践練習

（1）

	1段落	2段落	3段落	4段落	5段落	6段落
企業	2	2	0	0	0	1
経営者	2	1	1	0	0	(1)
ゴーン	0	0	1	(1)	(2)	1
文化	0	0	1	2	1	0
革新	0	0	1	0	1	0

「経営者」の（1）は「経営」、「ゴーン」の（1）と（2）は「彼」を指している。

（2）ゴーン流の文化肯定能力／文化的相違による革新

（この文章では、「企業」「経営者」のように、1～2段落によく出てくることばと、「ゴーン」「文化」「革新」のように3～6段落によく出てくることばがある。1～2段落の「企業」「経営者」は、ゴーン氏の名前を出すための単なる話のきっかけであり、大切なのは「ゴーン」「文化」である。「ゴーン流の『肯定能力』」「文化的相違は『革新』をもたらす」などをヒントに題名を考えることができる）

（3）「世界で尊敬される経営者」の7位に日産のゴーン社長が入った。彼は、ブラジル、レバノン、フランス、米国、日本と多文化をくぐりぬけてきた経験がある。その多文化経験を生かして彼は、たとえば日仏間の概念化と実行についての性格の違いを的確に把握し、その文化的相違を日産の経営の「革新」につなげることに成功した。そうしたゴーン流の「肯定能力」は企業経営にかぎらず、さまざまな場で必要とされる能力である。

2課 本文

（1）少子高齢化と労働人口

（「だが」で始まる第3段落の前までがこの文章の話題である。第1段落は「少子高齢化」、第2段落は「労働人口」の話題である）

（2）「年金問題も年金システムを支える労働者が相対的に減ることから起こる。」までが序論、「だが、日本の労働人口は本当に急減し、経済が成り立たなくなるのだろうか。」からが本論。

（3）だが、日本の労働人口は本当に急減し、経済が成り立たなくなるのだろうか。

ストラテジーを身につける練習
（1）β　（2）α　（3）α　（4）β　（5）α　（6）β　（7）α

2課 実践練習
（1）国民審査の意義と方法

（第1、第2段落は国民審査制度が何のためにあるのかという「意義」を表し、第3段落は国民審査の「方法」を示している）

（2）「しかし、国民審査の方法にはいくつかの問題点があるように思われる。」までが序論、「国民審査の投票では、この制度がリコール制度であることを考え、信任しない裁判官には投票用紙のその裁判官のところに×を記入し、信任する裁判官には何も記入しないという方法が採られている。」からが本論。

（3）しかし、国民審査の方法にはいくつかの問題点があるように思われる。

（「この国民審査の制度は何のためにあるのだろうか。」も論点表示文に見えるが、文章全体の流れ（位置や分量）から考えると、国民審査制度の目的を述べた部分は国民審査制度を紹介するための序論であって、本論は「国民審査制度の問題点」であるため）

（4）国民審査とは、最高裁判所の裁判官を信任するかどうか、国民の投票で決めるものである。国会や内閣に比べ、裁判所は国民の意思が反映されにくいので、この制度がある。しかし、その審査の方法には問題点がある。白票は信任と見なされるため、今まで裁判官が不信任になったことがなく、リコール制度として機能していない。また、審査の対象になる裁判官の情報が一般の国民にはわかりにくいので、そうした情報を、事前に、国民にわかりやすい形で公表する必要もある。

3課 本文
（1）序論：第1〜5段落、本論：第6〜11段落、結論：第12段落

（2）なぜこのようなことが起こるのであろうか。

（3）このように、ことばにはそれを使う社会が持っている価値観が反映されていることがよくある。

（4）そのことばを使う社会が持っている価値観

ストラテジーを身につける練習

（1） β　（2） β　（3） α　（4） α　（5） β　（6） α　（7） α　（8） β

3課 実践練習

（1）序論：第1段落、本論：第2～4段落、結論：第5段落
（2）小売店は、ものを買わない消費者にいかに買わせるかについて、さまざまな方法を考えはじめている。
（3）消費者の買い物をめぐる状況は、近年急速に変化しているのである。
（4）日本ではバブル崩壊後、完全な買い手市場になったため、ものを買わない消費者にいかに買わせるかが重要になった。その結果、商店街やスーパーの代わりに、品数豊富なものの中からいつでも手軽に買える郊外型の大型ディスカウント店やコンビニエンス・ストアが急速に増え、流通コストのかからない通信販売やインターネット・ショッピングも多く利用されるようになった。消費者の買い物をめぐる状況は、近年急速に変化しているのである。

4課 本文

（1）早い順に、「石油ショック」「安定成長」「プラザ合意」「金融緩和政策」「円高の急速な進行」「低金利政策の継続」「インフレの急速な進行」「バブル崩壊」「金融機関の破綻」
（2）アメリカの貿易赤字削減のために金融緩和政策を進め、急速な円高後も国内不況を回復させようとして低金利政策を続け、インフレが急激に進んだ。そのインフレのため、貨幣の過剰流動性が生まれ、それが株式や土地などの資産に集中した結果、それらの資産が実際の価値の何倍もの価格になってしまったため。
（3）金融機関は土地などに関係する多額の不良債権を抱え込み、破綻したり貸し渋りに走ったりした。その結果、日本経済は長い不況に入った。

ストラテジーを身につける練習

（1）当初　（2）直後　（3）その結果　（4）その後　（5）同時　（6）かつては
（7）というのは　（8）現在

4課 実践練習

（1）早い順に、「ポツダム宣言の受諾」「財閥解体」「ドッジ・ライン」「デフレによる不況」「特需」「サンフランシスコ講和条約」「GNPの戦前の水準への回復」「もはや＜戦後＞ではない」「高度経済成長」

（2）一つは、戦争によって壊滅的な状態になり、戦後高いインフレ率で悩まされた日本経済を建て直すため。もう一つは、戦中・戦後の物不足の中で、国家が生産を統制する計画経済になっていた日本経済の「ぬるま湯」的体質を改め、効率を重視する市場経済に戻すため。

（3）国民一人あたりのGNPが戦前の水準に回復したことで戦後復興が終わり、今後は戦後復興ではない自立的な経済発展が必要だということ。

（4）日本では戦後、GHQによって財閥解体や農地改革などの重要な経済政策が行われた。また、日本経済は戦争で壊滅的な状態になり、高いインフレ率を下げるため、緊縮財政政策であるドッジ・ラインが敷かれたが、それによって深刻な不況に陥った。しかし、朝鮮特需によって、一気に好況になった。その結果、1955年には国民一人あたりのGNPが戦前の水準に達するまで回復した。日本経済はこのあと73年ごろまで高度経済成長を続けることになった。

5課 本文

（1）そして、死刑制度を「存置」すべきだと考えている人（存置論者）と「廃止」すべきだと考えている人（廃止論者）がいる。

（2）**死刑存置論者**

　　死刑存置論者は、まず、被害者の気持ちを考える。人は自分の子供が殺されたら、犯人を殺したいと思うはずである。次に、存置論者は死刑があるから犯罪を抑えることができると言う。これを犯罪抑止力と言う。

　　それに対して、存置論者は冤罪を防ぐためには、裁判を慎重にすればいいと考える。冤罪の可能性があるという理由だけで死刑制度を廃止すべきではないと主張する。

死刑廃止論者

　　しかし、廃止論者は死刑には犯罪抑止力はないと主張する。日本の調査によれば、犯罪を犯す時に、自分が死刑になるだろうと考えた死刑囚は一人もいなかったとい

うことである。また、アメリカには死刑制度がある州とない州があるが、死刑制度と重大な犯罪の発生件数には相関関係がないという調査結果も出ているらしい。

　また、死刑廃止論者は「殺人を罪とする国家が、死刑という殺人を犯すのは矛盾している」と言う。犯人に犯罪をさせた社会環境にも責任があるとも考える。

　そして、廃止論者が死刑に反対する一番大きな理由は、冤罪の問題である。まちがった裁判で死刑になってしまったら大変である。

（3）「しかし」「それに対して」

ストラテジーを身につける練習
Ⅰ（1）また　（2）また／一方　（3）一方
（(1)は前後の文が共通の立場なので「また」が入る。(3)は反対に前後の文の違いが強調されているので「一方」が入る。なお、(2)は古くても新しくても文化に共通して興味があると考えれば「また」が入り、「古い」文化と「新しい」文化の対立と考えれば「一方」が入る）
Ⅱ（1）α　（2）β　（3）α　（4）β

5課 実践練習
（1）**外国人参政権を認めるべきだと考えている文**

　まず、外国人に参政権を認めるべきだと考える人は、外国人であっても納税者として日本人と同様に税金を納めているという事実が重要であると見る。つまり、義務を果たしているのだから権利も同様に認めるべきであると考えるのである。

　それに対し、参政権を認めるべきだと主張する人は、日本への帰化が容易ではない人もいること、さらには在日韓国・朝鮮人のように、戦時中、日本に強制的に連れてこられ、日本での生活を余儀なくされている人の存在を重視する。一時的な滞在者ならまだしも、定住者、とくに永住外国人には認められないのはおかしいと考えるのである。

　しかし、地方政治は外国人の生活に直接関わるものであるため、生活者である外国人にも地方参政権が認められると考えることができるのである。

　それに対して、地方政治の参政権は「その地方公共団体の住民が直接、これを選挙する」（第九十三条二項）となっているからである。

外国人参政権を認めるべきではないと考えている文

　一方、認めるべきではないと考える人は、選挙権は、納税の義務に対する権利として認められているのではなく、日本国籍を持っている成人に与えられているものと見る。もし税金を払っていることで選挙権が得られるのであれば、20歳未満の未成年でも選挙権が持てることになるし、反対に、収入の低い人や生活保護を受けている人は納税の義務を十分に果たしていないということで、選挙権を持てなくなるおそれも出てくる。

　また、外国人に参政権を認めるべきではないという意見の人は、外国の国籍を持っている人はその国での選挙権が認められているのだから、日本で選挙権を行使する必要はないと見る。それに、もしその人が日本の選挙権を必要としているのなら、日本の国籍を取得し、帰化すればよいと考える。

　国政は国の存立に関わるものであり、その国に対して責任を持たない外国人に選挙権を認めるのは無理がある。

　というのは、日本国憲法の条文では、国政の選挙権は「国民固有の権利」（第十五条一項）となっている。

（2）筆者自身は、外国人参政権をめぐる多様な意見について、それぞれの根拠も含めて、中立的な立場で紹介している。また、筆者は、日本社会の国際化の流れのなかで、こうした議論が今後も続いていくと考えている。

（3）外国人参政権を認めるかどうかについては多様な意見がある。外国人に参政権を認めるべきだと考える人は、外国人が納税者であること、日本国籍を持たない定住者の存在を指摘する。一方、認めるべきでないと考える人は、参政権が日本国籍を持つ成人の権利であることを強調する。そのほか、生活に直接関わる地方政治には参政権を認め、国政には認めないという考え方もある。日本社会の国際化の流れのなかで、今後もこうした議論は続いていくだろう。

6課 本文

（1）**筆者と対立する立場の文**

　しかし、環境税は環境対策としてはたして有効なのかどうか、産業界を中心にその効果を疑問視する声が上がっている。石油の価格が上がった石油ショック後も石油消費は増えつづけたという事実があるからである。

また、環境税を導入した場合、その税額をコストに上乗せしなければならないため、製品の価格が上がる。その結果、個人消費が減り、景気回復に水を差すおそれがあるという意見も産業界では強い。
　　もともと税額が高い石油などの化石エネルギーに、さらに税を課すのはおかしいという指摘もある。
　　もちろん、急激な変化は景気の悪化を招くおそれがあるため、現段階では導入に慎重にならなければならない面もある。

筆者自身の立場の文
　　ただ、当時、日本は景気が回復していたときであったことを考える必要がある。石油ショック後の省エネルギー運動によってエネルギー効率は高まったが、好景気のため、省エネルギーの効果以上に石油の消費量は増えたのである。
　　しかし、企業は製品の価格を上げないように、エネルギー消費を少なくするさまざまな技術を開発すると考えられる。そうした技術革新が、その企業のコスト削減や国際競争力強化につながる可能性もある。
　　しかし、それは道路を新たにつくるための特定財源として高い税金が課されていたためであり、道路が十分整備された現状では、不必要な道路を新たにつくらないことで解決することが可能になっている。むしろ、特定財源にするのなら、環境税こそ特定財源にふさわしい。環境税を環境目的税にすれば、その税収を環境保護のためだけに使うことができるからである。
　　しかし、以上のようなことを考えると、私たち、そして子どもたちの将来にむけて、環境税を徐々に導入していく時期に来ているように思われる。

（2）筆者と対立する主張を示すことば：「〜という意見も〜強い」「〜という指摘もある」
　　　　　　　　　　　　　　　　　　「もちろん〜面もある」

　　筆者自身の主張を示すことば：「ただ」「しかし」「むしろ」

ストラテジーを身につける練習

Ⅰ（1）愛する男性と一緒に暮らせば心の安定が得られる
　（2）確かにその薬はさまざまな病気を治すことができる
　（3）大都市圏の生活は便利だが、生活環境は悪く、ストレスが溜まりやすい
　（4）日本国憲法は60年も前の憲法で今の時代に合わないと言う人がいる

Ⅱ（1）その情報の大部分は私たちの生活にとって本当に必要な情報ではない

（2）私たち経済学者が発し続けた警告に、政府や財界の人々はどのくらい耳を傾けていたのであろうか

（3）利用のめどが立たず、建設そのものが目的になってしまった公共事業が多すぎるのも事実である

（4）現在廃棄されているものの多くが、私たちの生活でリサイクル可能なものである

6課 実践練習

（1）**筆者と対立する立場の文**

　夫婦同姓論者は、まず夫婦別姓によって家族の一体感が弱まると主張する。

　夫婦同姓制度は、男性の姓、女性の姓、いずれを選んでもよいものであり、必ずしも男性の姓を選ばなければならないわけではないと言われることもある。

　さらに、名字が変わったからといって、人格が変わるわけではないという主張もある。

　もちろん、伝統的な価値観を重視する人や、家族の一体感を求めて名前を変えたいという人がいてもよい。

筆者自身の立場の文

　しかし、夫婦別姓制度を取る国が必ずしも夫婦の離婚率が高いとは限らないということからわかるように、夫婦別姓であることと家族の結びつきが弱いこととは無関係であると考えられる。

　だが、現実の日本社会を見ると、98％の夫婦が男性の姓を選んでいる。これは、事実として不平等であると言わざるをえない。

　しかし、生まれたときから共に歩んできた名前を変えなければならない苦痛は、名前を変えた経験のない人には理解できないものである。これまで生きてきた人生が否定されるような気にさえなるアイデンティティの問題なのである。

　同時に、名字を変えることで、これまで築いてきたキャリアを失うおそれもある。さらに、結婚して姓を変え、離婚して姓を戻すということになると、姓の変更によって、個人のプライバシーを二度さらすことになるのである。別姓が選択できれば、このような問題は解消されるはずである。

　しかし、それは、結婚するさいに同姓か別姓かを選べる選択的夫婦別姓制度を取り入れればよいのである。選択的夫婦別姓制度を導入しても、姓を変えたいという人に大きな不利益を及ぼすことはないと思われる。

（2）譲歩のことば：「一見〜に思える」「〜と言われることもある」「確かに理屈のうえではその通りである」「〜という主張もある」「もちろん〜という人がいてもよい」

　　　逆接のことば：「しかし」「だが」

（3）日本の民法の夫婦同姓制度を変えるべきである。同姓論者は、別姓によって家族の一体感が弱まると言うが、別姓制度の国の離婚率が高いとは限らない。また、男性の姓を選ぶ必要はないとも言うが、現実には98％の夫婦が男性の姓を選んでいる。さらに、姓が変わっても人格は変わらないとも言われるが、実際には、姓の変更で女性のアイデンティティやキャリア、プライバシーが侵害される。せめて、両者の立場を尊重する選択的夫婦別姓制度を導入すべきである。

7課 本文

（1）「具体的には」「例えば」「（問題点は大きく分けて）四つある」

（2）「代表性の問題」「責任性の問題」「自立性の問題」「政治性の問題」
　　　「まず」「また」「さらに」「そして」

ストラテジーを身につける練習

（1）①第一に　②第二に　③第三に
（2）①まず　②次に／それから／また　③そして／さらに
（3）①まず／最初に　②次に／続いて／次いで　③そして
（4）①次に／続いて／次いで　②さらに／そして

7課 実践練習

（1）三つ

（2）①インターネットを使った商取引、とくに消費者を含む直接取引が増える。
　　　②SOHOによるベンチャー・ビジネスが生まれやすい環境になる。
　　　③時間やコストがかかる部門を外部委託することで、企業が分散型の組織に移行する。

（3）IT革命によって、日本の企業はどのように変化するだろうか。主な変化は三つ挙げられる。まず、問屋や代理店などの中間業者を通さない直接取引の形態が増えること。次に、SOHOの普及によって、ベンチャー・ビジネスの生まれやすい環境にな

ること。第三に、時間やコストがかかる部門を外部委託にすることで、企業組織が中央集権型から分散型へ移行すること。このように、IT社会を生き抜くため、新しい戦略と創造性が今企業に求められている。